中等职业教育公共课精品教材

体育与健康

查萍　王华利　主编

教育科学出版社
·北京·

出 版 人　李　东
策划编辑　韩敬波
责任编辑　王玉栋
版式设计　沈晓萌
责任校对　贾静芳
责任印制　叶小峰

图书在版编目（CIP）数据

体育与健康 / 查萍，王华利主编. —北京：教育
科学出版社，2018.7（2021.8重印）
　中等职业教育公共课精品教材
　ISBN 978-7-5191-1535-7

　Ⅰ.①体⋯　Ⅱ.①查⋯ ②王⋯　Ⅲ.①体育—中等
专业学校—教材②健康教育—中等专业学校—教材　Ⅳ.
①G807.3②G717.9

中国版本图书馆CIP数据核字（2018）第111317号

中等职业教育公共课精品教材
体育与健康
TIYU YU JIANKANG

出版发行	**教育科学出版社**				
社　　址	北京·朝阳区安慧北里安园甲9号		**市场部电话**	010-64989009	
邮　　编	100101		**编辑部电话**	010-64981329	
传　　真	010-64891796		**网　　址**	http://www.esph.com.cn	
经　　销	各地新华书店				
制　　作	永诚天地				
印　　刷	天津市光明印务有限公司				
开　　本	787毫米×1092毫米　1/16		**版　　次**	2018年7月第1版	
印　　张	19		**印　　次**	2021年8月第4次印刷	
字　　数	320千		**定　　价**	38.00元	

如有印装质量问题，请到所购图书销售部门联系调换。

编写委员会

序

中共中央、国务院 2016 年 10 月印发的《"健康中国 2030"规划纲要》指出："健康是促进人的全面发展的必然要求，是经济社会发展的基础条件。实现国民健康长寿，是国家富强、民族振兴的重要标志，也是全国各族人民的共同愿望。"因此，培养身心健康的广大中职学生不仅是核心素养培养目标在体育与健康学科的具体化，还是体育与健康学科育人价值的集中体现，培养身心健康的高素质劳动者是所有职业教育工作者实现中华民族伟大复兴的中国梦的重要使命。体育与健康课程是以身体锻炼为主要手段，有机整合体育与健康教育两门学科中相关的内容、方法和原理，以促进学生体质与健康发展为主要目标的基础课程，它是实施素质教育和培养德智体美全面发展的高素质劳动者和技能型人才不可缺少的重要途径。

本教材遵照《中等职业学校体育与健康教学指导纲要》的要求，在编写过程中做了如下一些努力：对体育教学内容采用了新的分类方法，强调中职体育教材的实用性，以避免教学出现"蜻蜓点水"和"低级重复"的现象；强调发展中职学生的基本运动能力与专项素质及与职业需要的契合，同时增加一些新动作锻炼的内容；力图做到图文并茂并注意动作图的规范性和细节，提高教材的指导性；设计一些新颖的有助于中职学生自主学习的情境运用小板块，以帮助他们进行拓展性和创新性的学习，发挥教材本身所具有的"体育自学读本"的作用；强调战术的学习，使体育运动这一独特的教育教学因素更好地发挥作用。虽然上述努力有的做得还不够充分，但我们依然希望这些努力能够引导中职学校加强体育与健康教育，深化体育课程教学改革，提高体育教学质量。

本教材是北京师范大学体育与运动学院与宜昌市职业技术教育研究室合作的成果，是集体智慧的结晶。由于我们的学术水平和工作能力所限，本教材还有许多不尽如人意之处，有待于我们今后修订时继续完善和改进。在此，恳请使用本教材的老师和同学能及时向我们提出意见，帮助我们不断地完善教材，进而不断提高中职体育教学的质量。

编写委员会

目 录

Part 1

体育知识篇

第一章
运动与健康

情境再现

兰兰是一名中职学生，放假前，老师让每名同学以时间表的形式记录自己假期每天的生活。

老师看到兰兰的假期记录后发现兰兰作息不正常，饮食不合理，长时间看电子产品，缺乏必要的身体锻炼和人际交往，于是对兰兰进行了劝诫。兰兰为此感到自己是个不被老师认可和喜欢的学生，十分难过。而且，兰兰性格内向，她没有将自己的想法告诉老师、家长或同学，整日闷闷不乐，对锻炼、学习和人际交往失去了兴趣和信心。

家长和老师都很着急兰兰的情况，想通过班级同学的共同努力，帮助兰兰拥有一个健康快乐的青春。假如兰兰就在你身边，你想采取怎样的措施给予她帮助呢？

知识引领

随着素质教育理念不断深化，2014 年教育部印发的《关于全面深化课程改革　落实立德树人根本任务的意见》中强调了核心素养的育人目标。中职学生核心素养以培养全面发展的人为核心，由体育品德、运动实践、健康行为 3 个维度组成。健康是人类生存和发展的基本要素，与我们的生活方式、饮食结构、心理状态和体育锻炼密切相关，因此，我们要明确什么是健康，要清楚什么是健康的生活，要深入理解各种生活方式、饮食结构、心理状态和体育锻炼，从而选择适合自己的健康生活。中职学生正处于生长发育的关键期，了解自己的生理和心理特点，做好身体和心理的保健准备，有助于顺利度过人生的特殊时期。

第一节 健康观念和健康管理

一、树立正确的健康观念

（一）健康的内涵

 吃得香、睡得着、没病就代表健康。

 不对！随着时代的发展，世界卫生组织（World Health Organization，WHO）对于"健康"给出了不同的解释，下面我们来看一看吧！

　　1948 年，WHO 在其宪章中提出了健康不仅是免于疾病和虚弱，而且是保持身体上、精神上和社会适应方面的完满状态的概念，后来被称为"三维健康观"。1989 年，WHO 将道德健康也纳入健康的范畴，这是当今国际社会具有权威性的健康的概念，即健康不仅是没有疾病，而且还包括躯体健康、心理健康、社会适应良好和道德健康。其中，躯体健康是指人体的结构完整和生理正常，是其他健康的基础；心理健康是指能正确认识自己和周围环境的事物；社会适应良好是指一个人的心理活动和行为，能适应复杂的环境变化，并被他人理解和接受；道德健康是指能明辨是非，按照社会规范的准则及个人做人的原则和要求来约束自己的言行，并为社会的稳定和人们的幸福做出努力。

　　1990 年，WHO 提出了健康十大标准（表 1-1）。

表 1-1　健康十大标准

精力充沛，能从容不迫地担负日常生活和工作而不感到过分紧张与疲劳。
处事乐观，态度积极，乐于承担责任。

续表

善于休息，睡眠良好。
应变能力强，能适应环境的各种变化。
能抵抗一般性感冒和传染病。
体重适当，体形匀称，站立时，头、肩臂、臀比例协调。
眼睛明亮，反应敏捷，眼睑不发炎。
牙齿清洁，无缺损和龋齿，不疼痛，齿龈颜色正常，无出血现象。
头发有光泽，无头屑。
肌肉丰满，皮肤有弹性，走路轻松。

进入 21 世纪，WHO 提出了人类新的健康标准，具体可用"五快"和"三良好"来衡量（表 1-2）。

表 1-2 "五快""三良好"

"五快"	
吃得快	进餐时，有良好的食欲，不挑剔食物，并能很快吃完一顿饭。
便得快	一旦有便意，能很快排泄完大小便，而且感觉良好。
睡得快	有睡意，上床后能很快入睡且睡得好，醒后头脑清醒，精神饱满。
说得快	思维敏捷，口齿伶俐。
走得快	行走自如，步履轻盈。
"三良好"	
良好的个性人格	情绪稳定，性格温和；意志坚强，情感丰富；胸怀坦荡，豁达乐观。
良好的处世能力	观察问题客观、现实，具有较好的自控能力，能适应复杂的社会环境。
良好的人际关系	助人为乐，与人为善，对人际关系充满热情。

（二）健康的主要影响因素

1. 环境因素

环境包括自然环境和社会环境。人类的生活与生产活动使自然环境发生变化，扰乱和破坏了自然生态平衡，产生了酸雨、水土流失、空气污染等现象。自然环境中的物理因素如气温、气压、噪声和辐射，以及化学因素如天然或人工合成的化学物质、动物和微生物体内的化学元素，其浓度、与人体接触的时间超出一定限度时，都会对人体健康产生危害。社会环境包括政治、经济、文化、教育等，不良的社会环境直接或间接地危害着人类的健康。

2. 生物遗传因素

生物遗传因素是指人类在长期的生物进化过程中所形成的遗传、成熟、老化及机体内部（各器官的功能状态、机体的免疫力）的复合因素。

生物遗传因素对人类诸多疾病的发生、发展及分布具有决定性的影响。某些遗传或先天性的内在缺陷、变异、老化会导致人体发育畸形、代谢障碍、内分泌失调和免疫功能异常。

3. 心理因素

心理的变化会引起生理的一系列反应。当人处于快乐、满足、幸福等积极情绪状态时，大脑的活动处于最佳状态，内分泌功能协调，免疫力提高，从而增强了机体对疾病的抵抗能力。当人处于悲伤、恐惧、愤怒等消极情绪状态时，人体各器官、系统功能紊乱，内分泌失调，若人长期处于这种状态，会诱发一系列疾病。

4. 行为与生活方式因素

不良的行为和生活方式，如不合理的饮食、吸烟、酗酒、吸毒等，会对人体的健康产生负面影响。由不良行为和生活方式所引起的疾病称为"生活方式疾病"，如艾滋病、癌症、冠心病、脑卒中等，这些疾病对人类的健康危害极大。

（三）亚健康

亚健康（慢性疲劳综合征）：介于健康与疾病之间的一种生理功能低下的状态，是"既非健康，又非疾病"的次等健康状态。亚健康概念是在20世纪80年代中期由苏联学者布赫曼教授首次提出。

WHO 将机体无器质性病变，但有一些功能改变的状态称为"第三状态"，我国称为"亚健康状态"。WHO 制定了一个指标，认为只要有人符合其中 6 项以上，就可以初步认定其处于亚健康状态（表 1-3）。

表 1-3　亚健康指标

1. 精神紧张，焦虑不安	11. 头昏脑涨，不易复原	21. 反酸嗳气，消化不良
2. 孤独自卑，忧郁苦闷	12. 不易入眠，多梦易醒	22. 易患感冒，唇起疱疹
3. 心悸心慌，心律不齐	13. 局部麻木，手脚易冷	23. 便稀便秘，腹部饱胀
4. 耳鸣耳背，易晕车船	14. 晨不愿起，昼常打盹	24. 鼻塞流涕，咽喉肿痛
5. 记忆减退，熟人忘名	15. 掌腋多汗，舌燥口干	25. 憋气气急，呼吸紧迫
6. 兴趣变淡，欲望骤减	16. 自感低烧，夜有盗汗	26. 胸痛胸闷，心区压感
7. 易感乏力，眼易疲倦	17. 腰酸背痛，此起彼伏	27. 久站头昏，眼花目眩
8. 懒于交往，情绪低落	18. 舌生白苔，口臭自生	28. 肢体酥软，力不从心
9. 精力下降，动作迟缓	19. 味觉不灵，食欲不振	29. 注意力分散，思考肤浅
10. 体重减轻，体虚力弱	20. 口舌溃疡，反复发生	30. 容易激动，无事自烦

亚健康状态普遍存在于经济落后、发达或发展中国家和地区，虽然它已成为国际医学界研究的热点之一，但与自身体质、心理因素、经济文化和社会环境等密不可分。

知识窗

WHO 数据显示，当今世界仅 5% 的人处于健康状态，只有 20% 的人有疾病，而剩下 75% 的人处于亚健康状态。

二、实践科学的健康管理

健康行为是促进健康的良好行为，是人们为了增强体质和维持身心健康而进行的各种活动，是促进健康的基本条件保障。健康行为在我国体育学科核心素养体系中起到了兼顾身心健康的作用，通过体育学科的学习，一旦具备了健康行为能力，身心健康就有了保障。对健康行为实行科学的管理，是促进健康的有效途径。

1992 年 WHO 在《维多利亚宣言》中提出健康的四大基石，即合理饮食、适度活动、戒烟限酒、心理平衡。

（一）合理饮食

1. 合理饮食的基本要求

（1）饮食有节，平衡膳食。

不可暴饮暴食或饥饱无度，更不可误餐不食，确保每天的摄入量与消耗量达到平衡。

（2）进食有时，三餐有别。

早餐应选择体积小而富有能量的食物，午餐应选择富含优质蛋白质的食物，晚餐应吃低热量、易消化的食物。早餐、午餐、晚餐提供的能量分配以 30%、40%、30% 为宜，两餐之间的间隔时间以 5~6 小时为宜。

（3）合理搭配，不可偏食。

保证机体所需的各种营养物质，避免偏食和饮食的单调，粗细粮混食，荤素搭配。

（4）食宜卫生，避免疾病。

"病从口入"，因此注重饮食卫生可以减少各种疾病的发生。禁吃过期或变质的花生、黄豆、玉米及各种干果等食物，以防癌变。少吃腌腊制品，油炸、含糖过多和可能使身体肥胖的食物。少吃肉桂、茴香、花椒等辛辣调味品，以防加速癌变。少喝含酒精的饮料。

2. 人体需要的营养物质

人体需要的营养物质有蛋白质、糖类、脂肪、维生素、无机盐、水和膳食纤维七

知识窗

不吃早餐的危害
- 学习或工作效率低下，反应迟钝；
- 易患消化道疾病；
- 易导致肥胖。

大类（表1-4）。能够为人体提供能量的物质有3种，分别是碳水化合物（淀粉、糖、膳食纤维的总和）、脂肪和蛋白质。

表1-4　七大营养物质

营养物质	简介	主要来源
蛋白质	生命的"根源"，分为动物蛋白、植物蛋白，由氨基酸合成，组成人体的蛋白质中含有20种氨基酸，其中有8种必需氨基酸，不能在人体内合成，只能从饮食中供给。	奶、蛋、鱼、瘦肉、豆类、坚果。
糖类	分为单糖（葡萄糖等）、双糖（蔗糖、乳糖、麦芽糖等）、多糖（淀粉等）和糖化合物（糖蛋白等）。它是肌肉的主要营养来源，是病患最快捷的营养来源，能够使身体更有效地利用蛋白质。	粮食、豆类、薯类。
脂肪	热能"金库"，人体产生热量最高的物质，在体内有隔热保温的作用，支撑、固定、保护内脏器官。脂肪有动物脂和植物脂，它在代谢过程中被分解为甘油和脂肪酸。动物脂含有饱和脂肪酸，过量摄入会造成心血管疾病；植物脂含有必需脂肪酸。	动物性油脂和油料作物。
维生素	生命活动的"动力"。体内钙的吸收必须借助维生素D才能进行，维生素A保护视觉。维生素一般不能在体内合成，它存在于食物中，只需极少量即可满足需要，不能供给热量。长期缺乏某种维生素，人体就会产生相关的生理机能障碍。	见表1-5。
无机盐（矿物质）	人体代谢的"管家"，包含钙、磷、铁等矿物质，是构成骨骼、血液不可缺少的物质。	钙来自奶和奶制品，磷来自肉类和坚果。
水	生命的"源泉"。骨骼含25%的水分，肌肉含75%的水分，是体内最好的润滑剂，维持人体正常的循环和排泄，减少器官间的摩擦，调节体温。	饮水和食物。
膳食纤维（纤维素）	促进肠蠕动，利消化，防便秘，促进脂肪代谢，降脂降压，预防心血管疾病、癌症、糖尿病。	蔬菜、水果、粗粮、干豆类、薯类、菌类和藻类。

表 1-5　常见维生素主要来源

名称	缺乏症	主要来源
维生素 A	夜盲症、角膜干燥症	肝脏、鱼肝油、蛋黄、牛乳、胡萝卜
维生素 B$_1$	脚气病	米糠、麦麸、蛋黄、酵母
维生素 B$_2$	口角炎、唇裂症	蛋黄、酵母、大豆、胚芽、肝脏
维生素 C	维生素 C 缺乏症（坏血病）	蔬菜、水果
维生素 D	成人骨软化、儿童佝偻病	鱼肝油、蛋黄
维生素 E	不育、流产、肌肉萎缩	谷物胚芽、植物油、绿叶蔬菜

（二）适度活动

1. 适度活动对身心健康的影响

（1）适度活动对身体健康的影响。

适度活动促进运动系统的发展。适度活动促进骨骼的生长发育，使骨质更加坚固，承担更大的负荷；使肌肉更加结实，提高肌肉产生反应的速度和准确性，以及肌肉之间协调配合的能力，提高动作的耐力、速度、准确性和灵活性；增强关节的弹性、灵活性和牢固性，减少各种外伤和关节方面的疾病。

适度活动锻炼和提高人体的神经系统。长时间看书、学习易产生疲劳，造成学习效率下降，适度活动会加快全身血液循环，改善脑部供血情况，提高脑细胞的工作耐受力和工作学习效率，同时提高人的反应能力和灵活性。长期适度活动的人，对外界环境的适应能力和对疾病的抵抗能力要比一般人强。

适度活动促进心脏功能的改善。适度活动可有效改善心率，加强心肌力量，提高人体活动能力。这对预防和改善高血压、冠心病有良好作用。

适度活动可以提高呼吸系统的功能，对人体维持旺盛的精力十分有利。

（2）适度活动对心理健康的影响。

适度活动有助于发展智力，养成良好的意志品质，协调和控制情绪，缓解压力，消除心理疾病，除此之外还可以形成自我良好感。这些都有利于形成和谐的人际关系。

冬夏锻炼的七戒六忌

冬季七戒：一戒过分剧烈运动；二戒急于求成；三戒坏天气锻炼；四戒不做准备活动；五戒负重锻炼；六戒憋气过久；七戒过分激动。

夏季六忌：一忌烈日下锻炼；二忌锻炼时间过长；三忌锻炼后大量饮水；四忌锻炼后立即降温；五忌锻炼后以体温烘衣；六忌晨练过早。

2．适度活动的注意事项

（1）选择正确的服装。

穿宽松、有弹性、透气吸汗的衣服，穿弹性好的鞋和透气吸汗的袜子。冬季要戴防寒手套、帽子和擦汗毛巾，空气质量差时备好口罩。到距离较远的场地锻炼，途中应穿好保暖衣物。

（2）运动前热身。

无论运动强度高低，都要进行科学合理的热身和准备活动，热身前1小时最好不要进食。

（3）运动后放松。

运动后不能立即坐下或躺下，不能立即用冷水洗漱或吹凉风，要做慢走或小跑、静力拉伸、深呼吸等放松、整理运动。

女生在经期到来前三天，根据自己的情况决定运动形式，以较轻柔、舒缓、放松的拉伸运动为主，如初级的形体操、伸展运动。月经期间避免对腹腔施压、避免将腿位抬得过高、避免跳跃，不宜下水游泳。如感到出血量突增或突减，立即停止运动。月经后期，身体开始恢复，可以开始进行慢走、慢跑等有氧运动。

（4）选择适合自己的运动。

按照自己的年龄、性别、锻炼经历、主观意愿和客观条件选择适合自己的运动，有助于坚持锻炼，达到更好的效果。

（三）戒烟限酒

对于中职学生来说，戒烟限酒是健康生活方式中重要的行为。现代健康的生活方式包括五个方面。①基本健康行为，指日常生活中一系列有益于健康的基本行为，如合理营养、平衡膳食、积极锻炼、适量休息与睡眠，饭前便后洗手等。②戒除不良嗜好，指戒除对健康有危害的个人偏好，如吸烟、酗酒等。③预警行为，指对可能发生的危害健康的事件预先要有警惕，从而预防事故发生，并能在事故发生后正确处置的行为，如对溺水、车祸、火灾等的预防、自救和他救等。④避开环境危害的行为，环境危害既包括人们生活和工作的自然环境，也包括心理、社会环境中对健康有害的各种因素。以积极或消极的方式避开这些环境危害都属于此类行为，如离开污染的环境，加入环保组织采取措施减轻环境污染、投身公益事业、应对引起心理应激生活事件等。⑤合理利用卫生服务，指有效、合理地利用现有的卫生保健服务，维护自身健

知识窗

影响健康长寿的行为

美国学者 Breslow 等人依据对近 7000 人为期 5 年半的研究，总结了与健康长寿显著相关的最基本行为。

- 每天正常规律的三餐，避免吃零食；
- 每天吃早餐；
- 每周参加 2～3 次锻炼活动；
- 每晚睡眠 7～8 小时；
- 不吸烟；
- 保持适当的体重；
- 适量饮酒。

康的行为，如定期体检、预防接种、患病后及时就诊、遵从医嘱、配合治疗、积极主动康复，而不是迷信包治百病的广告或街头游医。

（四）心理平衡

心理平衡是人体健康的重要组成部分。建立良好、和谐的人际关系可增强自信，减少心理上的不适感，实现心理平衡。建立合理的生活秩序，适度的压力可以提高思考力和机敏度，合理的生活节奏既可调剂紧张的学习生活，又可开阔视野、挖掘潜力、增强自信、提高学习效率。树立符合实际的目标，对自己的能力做出客观的评价，把目标确定在自己力所能及的范围内，通过努力实现这一目标。加强体育锻炼，不仅使注意力、记忆力、反应速度、思维能力、想象力等得以改善和提高，还可使情绪稳定、性格开朗，这些非智力因素对人的智力具有促进作用。保持健康的情绪，接受自己情绪的波动，采用多种方式及时宣泄消极情绪，学会自我疏导、自我排遣。

第二节　运动处方和修身养性

一、运动处方

运动处方：由健身教练或运动者自己，根据运动者的年龄、性别、身体素质、健康状况，以及运动器官的功能状况，以处方的形式制定体育锻炼的运动的内容、强度、时间和频率，并指出运动中的注意事项，以达到科学、有计划地进行体育健身锻炼的目的。

运动处方包括锻炼目标、锻炼内容、运动量（运动强度，持续时间，重复次数、完成组数及间隔时间，运动频率）和注意事项。

● 确定锻炼目标。可以把自己体质健康测试中的各项结果与《国家学生体质健康标准（2014 年修订）》进行比较，没有达到"良好"的项目，应定为自己的重点锻炼目标。

● 确定锻炼内容。一般包括有氧运动（保持在 30 ~ 40 分钟为宜）、力量性运动和柔韧性运动，也应考虑爱好以及学校、社区和家庭可利用的场地设施等条件。

● 确定运动强度。对中职学生来说，大强度运动量时，心率为每分钟 160 次以上；较大强度运动量时，心率为每分钟 140 ~ 160 次。

● 确定运动时间和频率。身体被调动起来参与运动需 3 ~ 5 分钟，之后持续 10 ~ 15 分钟才能起到运动的效果，所以运动时间最少应有 30 分钟。运动频率是每日或每周锻炼的次数，每周锻炼 3 ~ 4 次，即隔日锻炼一次即可。

情境运用

在班里选择一个关系好的伙伴，了解他 / 她的身体状况，为他 / 她制定一份合适的运动处方。

二、修身养性

中国传统养生产生于上古先民为抗御严酷的自然环境、调整体力、抵抗疾病的需要，集中华民族数千年文化于一身，具有修身养性的功能。

养生（摄生、道生、保生）：通过自我调养的方法来保养生命，使心身健康、延年益寿。

传统养生思想起源于原始氏族社会至殷商时代，与人们追求长寿的愿望有关。

先秦时期，诸子争鸣，产生了许多养生理论。如《吕氏春秋》认为精、气、神与形体的统一是生命的根本，重视精神的保养，倡导运动养生术。老子在《道德经》中提出"清静无为"等养生理论，奉行导引、吐纳等养生方法。

从秦汉至隋唐，佛家、道家的养生文化兴盛，出现了炼丹术、神仙术、房中术等养生法。汉末名医张仲景撰写的《伤寒杂病论》提出饮食相宜的思想。名医华佗重视运动多健身的作用，创编了"五禽戏"，开创了我国导引术套路的先河。

唐代，传统养生文化随着医学的发展得到健康的发展，"药王"孙思邈在《千金方》中提出养生要身心并重，根据自然的变化调理生活。

宋代，主要发展了动以养生的思想和方法。文学家欧阳修总结出"劳其形者长年，安其乐者短命"的规律。《易筋经》练功法提出的"内壮神勇""外壮神力"是对身体全面发展思想的体现，此间产生了动静结合的"八段锦"。

知识窗

中国古代第一部养生宝典——《黄帝内经》，融医、儒、道、佛诸家养生思想为一体，主张顺应生命运动规律的养生理念，还提出"圣人不治已病治未病"的预防保健思想。

明清时期，李时珍在《本草纲目》中提出药食同源的论述，表明养生理论和方法得到进一步完善和发展。

中国传统养生理论的形成与发展受到中国古代哲学思想的影响与制约，尤其是"元气论""阴阳学说""五行学说"等。同时，中国传统养生理论的发展也丰富了中国古代哲学思想。

中国传统养生理论总结起来大致有以下几种（表1-6）。

表1-6　中国传统养生理论

整体观学说	把人体看作一个以脏腑为核心、经络互相联系的整体。脏腑的变化通过经络反映于体表，体表组织器官的病变也可以通过经络影响所属脏腑。主张促进机体的平衡，治病求本。

续表

恒动学说	认为人类的生命活动有"恒动"的特性，自然界的气象变化孕育了生物，"气化"运动形式是生命存在的先决条件，经常、适量的运动是增进健康、延缓衰老的有效手段。
阴阳协调学说	人体阴阳消长的运动维持机体内环境的相对恒定以及机体与外界环境的相对协调统一。阴阳失去平衡，即偏盛偏衰，阴阳任何一方虚损，常可导致对方的不足，即"阴损及阳，阳损及阴"，从而导致疾病。
天人合一学说	人类长期生活在自然环境之中，适应四季的变化，形成自身的生理规律。顺应自然界的变化，调节脏腑机能，养精安神，平衡阴阳，机体就健康无病。如果自然界的气候变化超过了机体的适应能力，就会引起疾病。
形神相因学说（形神合一）	形指人体的一切组织器官，神指人的精神意识活动，即形态与机能的统一，形体与精神的结合。通过调形养神的方法可使形神合一，养神可以保形，保形就是摄神。

第三节　青春年华和卫生习惯

一、青春期健康生活

（一）青春期生理健康

人在从受精卵到生长发育成熟这一过程中，有两次生长发育高峰期：第一次是从胚胎晚期到婴儿期，第二次是在青春期。青春期也是人类发育过程的最后一个阶段，它是童年向成年的过渡时期，分为青春前期、中期和后期（表1-7）。中职学生大多处于青春中期。

表 1-7　青春早期、中期和后期的生理特点和表现

年龄范围（岁）		特点	表现	
女	男		形态机能	性征
前期 10～12	12～14	第二次生长突增	生长加速（突增开始至高峰）	第二性征开始出现
中期 12～14	14～16	性征发育	出生后最大生长期	第二性征全部出现，初潮、首次遗精
后期 14～18	16～20	基本成熟	生长降速或停止	第二性征发育完成，性腺成熟

　　第一性征指男女两性生殖器官的差异，即男性有睾丸和输精管；女性有卵巢、输卵管和子宫。第二性征指进入青春期后，男女之间出现的除生殖器官以外，在性别上的外在差异。

　　身高可分为两个阶段：①快速增长阶段（男性为 12～15 岁，女性为 10～12 岁），身高每年平均可增长 6～8cm；②缓慢增长期（男性为 16～18 岁，女性为 13～18 岁），增长速度减慢，直至身体发育成熟、骨骼钙化。

　　体重增加是青春期的显著特征之一。体重增加受骨骼、肌肉的生长发育和脂肪增加的影响，男性 16 岁时肌肉重量约占体重的 40%，脂肪约占体重的 11%～20%；女性肌肉重量约占体重的 30%，脂肪约占体重的 18%～22%。

表 1-8　青春期内脏器官的发育特点

循环系统	青春期心脏发育加快，在形态和机能方面迅速发展，心率随年龄的增长逐渐下降，血压随年龄的增长逐年增高，一般在 19 岁以后基本稳定。
呼吸系统	随着青春期生理功能的成熟，呼吸功能也会增强，肺活量增大，呼吸频率相对降低，女性的肺活量约为同龄男性的 70%。
血液	青春期女性体内雄性激素分泌量较少，红细胞和血红蛋白少于男性，男性的红细胞和血红蛋白在青春期显著增加。
生殖系统	性器官发育：男性 12～13 岁期间睾丸迅速增大，17 岁达到成人水平；阴囊开始增大；阴茎的长度、直径开始增加。女性内外生殖器迅速发育，与其他系统共同进入成熟阶段。 性功能发育：男性表现为遗精，首次遗精一般出现在 14 岁左右。女性表现为月经，首次月经一般出现在 12～14 岁，称为初潮，月经周期平均为 28 天，这也是女性的生殖周期，到 18 岁左右性功能完全发育成熟。

（二）青春期心理健康

1．青春期心理特点

自我意识强烈。关注自己的外表、体形和衣着，希望自己漂亮、潇洒，表现为喜欢照镜子；注重别人对自己的评价；自我评价能力有所发展，但不完善，忽高忽低，顺利时沾沾自喜，不顺利时沉沦沮丧。

知识窗

我国心理学家参照国际心理健康的标准，结合我国青少年学生的现状，概括了青少年学生的心理健康标准。

- 具有较强的独立生活能力；
- 能够进行独立思考、分析、判断；
- 能从心理上自我接纳；
- 勇于面对现实，对生活、对自己充满信心；
- 具有较强的自我调节控制能力，能积极主动地适应新环境，调节各种心理冲突；
- 人际关系良好；
- 学习方法得当；
- 能应对一定的挫折。

独立意识增强。不再被动地听从父母的教诲，渴望用自己的标准衡量是非。过多地管束、指责或限制都会令其反感。

情绪两极化。情绪多变，经常出现莫名的烦恼焦虑；情感浓烈，自尊心越来越强，非常敏感，少数学生以扭曲的形式维护自尊的形象。

心理"闭锁"。学会掩饰、隐藏自己的真实情绪，常把自己关在房间里，很少和父母交谈，甚至拒绝父母的爱。

内心矛盾。青春期是心理走向成熟的过渡期，青春期少年内心充满矛盾冲突，如生理成熟和心理成熟滞后的矛盾，独立意识增强与实际能力偏低的矛盾，渴望他人理解与心理"闭锁"的矛盾。

行为易冲动。美国和加拿大的最新研究指出，青春期少年的大脑中，负责控制情感和冲动的神经尚未发育成熟，这是他们易冲动的原因。

需要大发展。儿童的需要比较单一，更多的是一种本能的需要，青春期少年的需要明显有了很大发展，如对友谊的需要，珍视友谊、注重与人交往。

2. 增进青春期心理健康

学习心理卫生知识。增强心理卫生意识，进行自我保护、自我调节。

建立合理的生活秩序。积极参加各种有意义的活动，生活有规律，劳逸结合。

学习负担要适宜。切忌浪费学习时间，被动应对，也不要增大压力，产生焦虑。

注意保护大脑。过度紧张疲劳和高度兴奋刺激，都可能造成脑能力的衰竭，切不可贪图一时兴起而忽视了用脑卫生。

保持良好的情绪。情绪波动剧烈，处于不良情绪，又无法加以调节控制，会导致心理失衡。

确定符合实际的目标。不宜对自己过分苛求，应把目标确定在自己力所能及的范围。

学会健康的娱乐方法。学会通过各种健康的娱乐活动缓解心中的压抑，从而提高生活和学习效率。

（三）青春期体育锻炼

青春期女性肩部较窄，骨盆较宽，躯干相对较长，下肢较短，皮下脂肪增多。青春期男性肩部较宽，骨盆相对较窄，下肢较长，皮下脂肪较少。

通过合理的体育锻炼，使骨骼承受适度的压力，可以促进身高的增长，体形匀称、健美。

加强体育锻炼还有助于预防和矫正身体发育中的某些异常现象，如"小胖墩"和"豆芽菜"。但是青春期身体的发育、身体素质和机能的发展，在不同时期、不同性别和不同个体之间都存在着明显的差异。因此，体育锻炼必须从实际出发，承认差别，因人而异。

青春期体育锻炼的注意事项

1. 坚持全面锻炼的原则,运动内容和形式应多样化。
2. 多参加非对抗性且运动性强的运动项目。
3. 保持适宜的运动量、频度和强度,注意运动和休息相结合。

二、青春期卫生保健

　　了解一定的卫生保健常识,有助于养成正确的卫生习惯,为今后的健康生活奠定良好的基础。

（一）女生的卫生保健

1. 一般卫生保健

　　女生心血管系统和呼吸系统的功能比男生差,因此运动量要相对小一些。

　　肩部较窄,臂力较弱,做两臂支撑、悬垂和摆动动作时比较困难,要注意循序渐进和保护措施。

　　下肢相对较短,躯干相对较长,因而重心较低,平衡能力较强,关节和脊柱的柔韧性较好,适宜参加艺术体操等活动,但要注意全面锻炼,全面发展身体素质。

　　从高处跳下时,注意落地姿势,以免身体过分受震而影响骨盆的正常发育。

2. 经期卫生保健

　　女性在经期易受到内外环境的影响而发生各种疾病。特别是青春期少女,环境变化、情绪波动、寒冷刺激或过重劳动,容易出现月经紊乱、闭经、痛经、经量过多或过少等情况。

　　◆ 注意外阴的清洁,以防经血刺激皮肤,发生湿疹。经期不宜盆浴以防逆行感染。

　　◆ 使用正规厂家生产的柔软、清洁的卫生巾,至少每两小时更换一次。

◆ 注意保暖、避免寒冷刺激，不宜游泳、冷水浴，以免引起痛经或月经失调。

◆ 饮食应富有营养，不宜吃生冷、辛辣等刺激性食物。经期铁丢失较多，应多吃瘦肉、蛋黄及深色蔬菜等富含铁元素的食物。多饮开水，保持大便通畅，减少盆腔充血。

◆ 可以照常学习，但注意适当休息和保持充足的睡眠，避免过度劳累。

◆ 避免剧烈的体育运动，宜进行缓和的、运动量小、速度慢的体育运动，可以使经血畅流，减轻小腹坠痛感。如果发现经血量过多、腰痛、腰酸明显、全身感觉不适，应停止运动，静卧休息。

◆ 保持精神愉快、情绪稳定，避免精神刺激和剧烈的情绪波动。

（二）男生的卫生保健

1. 外阴的卫生保健

包皮过长和包茎是男性青少年中比较常见的现象，其危害主要是影响包皮的清洁，严重者包皮不能上翻。因此，青春期男生每晚睡前应清洗外阴，每次把包皮翻起来清洗干净，否则易引起包皮发炎，出现局部红肿、刺痛或疼痛。

2. 变声期的声带保护

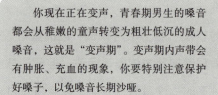

我的嗓音为什么会变粗？

你现在正在变声，青春期男生的嗓音都会从稚嫩的童声转变为粗壮低沉的成人嗓音，这就是"变声期"。变声期内声带会有肿胀、充血的现象，你要特别注意保护好嗓子，以免嗓音长期沙哑。

变声期不要使劲喊叫、唱歌，用嗓要有节制。

唱歌、大声讲话后不要马上喝冷饮，应喝温开水。

冬季应注意保护颈部，同时注意适当休息，加强体育锻炼，预防感冒。

少吃刺激性的食物，如辣椒、大蒜、油炸食品等，禁烟、禁酒。

3. 痤疮的卫生保健

痤疮（粉刺），青春期男女均可发生，尤以男生为多。痤疮是由于青春期性激素大量分泌，刺激皮脂腺分泌过盛，分泌物排出不畅，堵塞压迫毛囊使之破裂，皮脂及其分解物刺激组织发生炎症反应而引起的。在痤疮的护理方面要注意：①保持皮肤清洁，常用温水和中性肥皂（药皂）洗脸；②不宜过多摄入脂肪、糖类以及辛辣等刺激性食物，禁烟、禁酒，多吃新鲜蔬菜和水果，多喝水；③规律作息，避免熬夜和精神紧张；④不用手或其他工具挤压、挑刺痤疮，以免沾染细菌。

第二章
运动损伤的预防与急救

聚焦 2015 年女排世界杯，中国队与韩国队交锋进行到第四局，比分为 2∶1，中国主力队员朱婷扣球落地时，踩到对手金熙珍落在中国半区的脚，痛苦倒地。只见朱婷双手捂住右脚脚踝，泪水在眼里直打转，痛苦的表情牵动了大家的心。随后，队友搀扶着朱婷走到场边，队医对朱婷的伤势进行了快速处理，休息片刻后，在球迷的欢呼声中，朱婷再次走上赛场，带领中国女排所向披靡。

大多数运动员在训练或比赛的过程中都会受伤，受伤之后就需要及时的救治，所以掌握运动损伤的急救方法是非常重要的。假设你是中国女排的队医，你会如何处理朱婷的脚伤？

知识引领

在体育运动中，人体组织或器官发生了解剖上的破坏或生理上的紊乱，称为运动损伤。欲避免日常锻炼或体育活动中的运动损伤，应了解常见的运动损伤、预防运动损伤的原则和方法以及运动损伤的急救方法，从而指导我们安全科学地进行体育锻炼。

第一节 运动损伤的预防

一、常见运动损伤

常见的运动损伤包括软组织损伤、骨损伤和休克。

（一）软组织损伤

软组织损伤按损伤后皮肤、黏膜是否完整，可以分为开放性损伤与闭合性损伤两大类。常见的开放性损伤有擦伤、切伤、刺伤和撕裂伤，闭合性损伤则可分为急性损伤和慢性损伤。摔倒时皮肤擦过粗糙面可造成典型的擦伤。切伤常在冬季冰雪运动中出现，如被冰刀所伤。田径运动中会被钉鞋或标枪刺伤。撕裂伤在篮球运动中最常见。切伤、刺伤和撕裂伤在职业工作中可由尖锐的刀状器材所致。

软组织损伤按组织学方法也可分为以下几类。

1. 肌肉拉伤

肌肉猛烈收缩或过度牵伸，超过了肌肉本身所能承受的限度，引起的肌肉组织损伤，称为肌肉拉伤。

其症状表现为发生损伤时多有撕裂声。轻者伤处疼痛，可行走，运动时，特别是在重复受伤动作时疼痛加剧；重者行走疼痛，出现跛行。损伤部位肿胀明显，按压伤处有疼痛感。

2. 关节韧带损伤

关节由外力所致出现超越正常范围的异常活动，使韧带极度紧张，以至于不能承受过高张力，部分或全部断裂。运动中常见的损伤部位有踝关节、膝内侧、指间关节。

3. 滑囊炎

易发生滑囊炎的部位有肩、肘。滑囊炎分为急性滑囊炎和慢性滑囊炎。慢性损伤的症状为活动时加剧，偶尔会有放射痛或夜间痛，损伤部位出现明显肿胀，并有波动感。急性损伤多在做某一动作时疼痛，损伤部位出现肿块或结节，活动受限。（图 2-1）

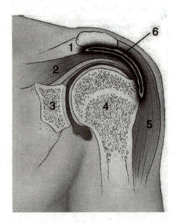

当受到外力撞击或长期反复的挤压摩擦后，图 2-1 中 6 号滑囊内滑液分泌增多，囊壁增厚，引起滑囊炎。

图 2-1

4. 创伤性腱鞘炎

轻者在拇指活动时出现局部疼痛，严重者在拇指伸或外展时出现摩擦音或弹响，前臂和肩部感到疼痛，局部有轻度肿胀，按压痛。（图 2-2）

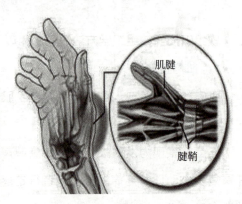

创伤性腱鞘炎是由于肌肉长时间反复收缩而引起的，图 2-2 是拇指活动过度引起的拇指腱鞘炎。此伤在局部受凉的情况下更易发生。

肌腱

腱鞘

图 2-2

5. 创伤性滑膜炎

关节活动使软骨间的滑液相互摩擦，有创伤或关节病时，滑液黏稠度下降，关节活动时出现摩擦音，易产生创伤性滑膜炎，多发生于膝踝关节。

其症状是伤后 1 小时左右关节迅速肿胀，疼痛加重，出血越多肿痛越重；触摸伤处时有波动感，关节活动受限，可引发肌肉痉挛和体温升高。慢性创伤性滑膜炎关节肿胀，肿胀时间过久可发生关节松弛和肌肉萎缩。单纯由于劳损引起的炎症，肿胀会在次日晨起减轻或消失，踝关节疼痛有时不明显。

（二）骨损伤

1. 疲劳性骨膜炎

疲劳性骨膜炎被认为是局部骨组织过度负荷的反应性炎症。

初期运动后出现局部疼痛，休息后可消失；若继续较大负荷运动，疼痛加重。急性期多出现局部凹陷性水肿，触摸局部骨面时会感到疼痛。反复发作的患者逐渐出现骨膜增生等现象，后期严重可出现骨质疏松或疲劳性骨折。

2. 骨折

跌倒时手掌撑地，地面的反作用力沿上肢向上传导，易导致骨折。大腿猛烈收缩易引起膝关节和小腿部的骨折。过度疲劳同样易导致骨折。

骨折是指骨与骨小梁的连续性发生断裂。

骨折时疼痛较轻，随后加重，活动时受伤肢体更疼；局部出血、肿胀或形成青紫色淤斑；患肢失去功能。完全骨折时，伤肢会出现缩短或旋转等畸形，骨折处有敏锐的压痛和震痛感。

3. 关节脱位

凡相连两骨之间失去正常的连接关系，都称为关节脱位。关节脱位时，往往伴有周围软组织的损伤或骨折，常见的有肩关节前脱位和肘关节后脱位。

肩关节脱位后，按压肩关节会感到疼痛，不久即出现肿胀；肩部变平，患侧手不能碰到另一侧的肩部，肘不能靠近胸前。肘关节脱位后，肘关节呈半屈状态，活动受限，上肢缩短，局部肿胀。

（三）休克

> 休克是人体遭受内外各种强烈刺激后发生的严重的全身性综合征。感染、中毒、过敏、创伤、失血可导致休克。疲劳、饥饿、寒冷、酷暑等不仅能诱发休克，也会加重休克。

休克早期，患者精神紧张、烦躁不安、多汗、呼吸急促、心率加快、体温和血压正常或稍高。休克期，患者血压下降，表情冷漠、反应迟钝、面色苍白、四肢厥冷、全身冷汗、脉搏细速。休克晚期，患者出现广泛性出血、低血压、器官功能障碍等症状。

二、运动损伤的预防

（一）运动损伤的产生原因

1．思想不重视

运动损伤的发生，常与体育锻炼者或工作者对预防损伤的意义认识不足、思想上不重视有一定关系。由于缺乏运动损伤的基本知识，平时不注意学习安全知识，在体育锻炼或工作过程中，未积极采取行之有效的预防及保护措施，发生损伤后又不认真分析原因，提高防范意识，从而导致运动损伤时常发生。

2．准备活动不科学

准备活动的目的是使身体得到充分的调动，以适应正式运动的需要。未做准备活动，准备活动不充分，准备活动量过大，准备活动与专项运动结合得不好，准备活动未遵循渐进原则等会导致损伤，甚至会出现头晕、呕吐、休克等现象。

3．身体不在最佳状态

身体不在最佳状态主要包括生理机能不良和心理状态不良。生理机能不良如睡眠不好，疲劳、患病或伤病初愈等，均可使锻炼者或工作者力量及协调性下降，注意力不集中，出现技术上的错误而导致损伤。心理状态不良如心情低落、恐惧、胆怯或急躁情绪等也会导致损伤。

4. 技术存在缺陷

技术存在缺陷，错误的技术动作违反了人体结构的特点、各器官系统功能活动的规律，以及运动时的力学原理，从而引起损伤。

5. 运动量不适度

安排运动量时，没有充分考虑体育锻炼者或工作者的生理特点，运动量超出了体育锻炼者或工作者所能承受的负担量，尤其是局部负担量过大，这也是运动训练中造成损伤的主要原因。

6. 环境因素

环境因素包括场地设备的缺陷和不良气候因素。运动场地崎岖不平，过硬过滑，器械年久失修或维护不良，安装不牢固或安放位置不妥当，运动时的服装和鞋袜不符合要求等，都可能导致运动损伤的发生。气温过高，易发生中暑或疲劳；气温过低，易发生冻伤或出现肌肉僵硬，身体协调性下降而引起肌肉拉伤；潮湿高温的气候使人大量出汗，发生肌肉痉挛或虚脱；光线不良影响视力，使体育锻炼者或工作者反应迟钝。这些均会导致运动损伤。

（二）运动损伤的预防原则

1. 加强思想认识

运动损伤的后果有时是残酷的，预防是避免运动损伤的首要措施。参与体育锻炼或工作的人群平时应加强安全知识的学习，培养防范意识，克服麻痹思想。

2. 加强保护和自我保护意识

动作复杂多变的运动项目很容易发生技术错误，特别是在学习新的复杂动作时，因此他人的保护与帮助是必要的。每个参加体育锻炼或工作的人也应该掌握自我保护方法。

身体失去平衡时，要立即向前或向后跨出一步，以保持身体平衡；快要跌倒时，应立即低头、屈肘团身、顺势滚翻，不可直臂撑地。

3. 准备活动要充分全面

准备活动可以克服机体的生理惰性，提高肌肉和韧带的弹性，防止肌肉和关节的损伤。运动前常用慢跑等全身活动及局部的体操和伸展练习热身，同时还应根据锻炼和工作的技术特点，进行有针对性的热身。

知识窗

没有做准备活动就进行 1500m 跑时，身体的机能在 20～30s 内可以发挥出较高的工作效率，而内脏器官在 2～3min 内才能发挥较大的工作能力。

4. 加强易伤部位的锻炼

循序渐进地加强易伤部位或相对弱部位的锻炼，提高它们的功能。例如，为防止膝关节的髌骨劳损，可练习"站桩"。为了预防腰部损伤，除加强腰背肌肉的练习外，还应加强腹肌力量的练习。

5. 锻炼方法要科学合理

掌握正确的方法，科学合理地安排运动量，对于不同年龄、性别、健康水平的人应采取因人而异、循序渐进的练习方法。抓住身体素质的敏感期，在运动量、运动强度及时间的安排上考虑各个时期的生理特点。

6. 运动间歇注意放松

运动时，为了更快地消除疲劳，防止由于局部负担过重而出现的运动损伤，每次练习间隙应采取积极的放松方法，同时放松应根据项目特点来进行。如侧重上肢练习的项目，在间歇期可做些下肢练习。

7. 运动中防止局部负担过重

膝关节的半蹲起跳动作过多，容易引起髌骨损伤；过多地练习鸭子步，可引起膝关节韧带和半月板损伤。因此，锻炼应避免单一的练习方法。

8. 选择适宜场地、时间和天气

根据项目选择适宜的场地，尽量避免在中午或深夜进行运动，可在体感舒适的天气状况下进行大强度的锻炼或工作。

第二节　运动损伤的急救

一、常用急救方法

（一）止血的方法

在此，止血仅针对外出血而言。外出血分为动脉出血、静脉出血和毛细血管出血，常用的止血方法如表 2-1 所示。

表 2-1　常用的止血方法

止血方法	具体步骤	适用范围
冷敷法	冷水或冰袋敷于损伤部位。	适用于急性闭合性软组织损伤。
抬高伤肢法	将伤肢抬至高于心脏的位置。	适用于四肢小静脉或毛细血管出血。
加压包扎法	先用无菌纱布覆盖压迫伤口，再用三角巾或绷带用力包扎，包扎范围比伤口大。	适用于小静脉或毛细血管出血。
加垫屈肢法	将棉垫或绷带卷放在肘或膝关节窝上，屈曲小腿或前臂，再用绷带做"8"字缠绕。	适用于前臂、手和小腿、脚没有骨折和关节损伤的出血。
指压法	直接指压法：用消毒敷料盖在伤口处，用手指指腹直接压迫出血动脉近心端； 间接指压法（止血点止血法）：压迫时用手指把身体浅部的动脉压在相应骨面上。	适用于动脉出血，仅限临时止血。
止血带法	先将伤肢抬高，再用止血带缚在出血部的近心端，使用止血带的部位应有衬垫，松紧度以出血停止、远端摸不到脉搏为合适。缚上止血带后，上肢每半小时、下肢每小时分别放松一次，间隙时间为 1～2min。	适用于四肢大出血。

（二）包扎固定的方法

包扎固定时应做到动作轻巧，不碰触污染伤口，打结避开伤口或不宜压迫的部位。包扎固定的方法包括布类包扎和黏胶固定。

1．布类包扎

布类包扎中较简便的为绷带包扎（表 2-2）。

表 2-2　绷带包扎

包扎方法	具体步骤	包扎示意	适用部位
环形包扎	将绷带头斜放，将绷带卷绕肢体包扎一圈后，再将带头的一个小角反折，继续绕圈包扎，后一圈压前一圈，包扎 3～4 圈即可。		适用于粗细均匀的部位。
螺旋形包扎	以环形包扎开始，将绷带向上斜形缠绕，后一圈压前一圈的 1/3～1/2。		适用于粗细相差不大的部位。
转折包扎	以环形包扎开始，用拇指压住绷带，将其上缘反折，后一圈压住前一圈的 1/3～1/2，每圈的转折线互相平行。		适用于粗细相差较大的部位。
"8"字包扎	从关节开始，先做环形包扎，后将绷带斜形缠绕，一圈绕关节的上方，一圈绕关节的下方，两圈在关节凹面交叉，反复进行，逐渐远离关节。		适用于关节处。

2．黏胶固定

黏胶固定适用于伤后关节、韧带松弛以及需限制关节、肌肉、肌腱活动范围时。常用的黏胶有黏膏、黏膏绷带等，使用方法如下。

指间关节扭伤后，伤指与健指固定在一起（图 2-3），两条黏膏的位置不妨碍关节的屈伸运动。

第一掌指关节黏膏支持带的缠绕方向应防止第一掌指关节过伸与外展（图 2-4）。

膝关节韧带损伤用两条黏膏由腘窝部交叉绕至膝部前面固定（图 2-5），常用于陈旧性损伤、股四头肌无萎缩。

胫骨软骨炎用黏膏将膝固定于伸直位 3-4 周（图 2-6）。

跟腱腱围炎用黏膏将踝微背伸位（80°）固定。

踝关节前韧带损伤用数条黏膏将踝关节固定于外翻位。

大腿肌肉拉伤后，再训练时必须用弹力护腿。

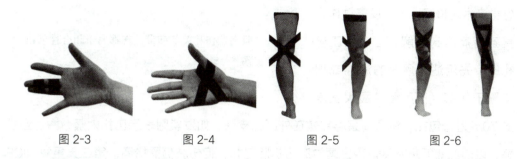

图 2-3　　　　　图 2-4　　　　　图 2-5　　　　　图 2-6

二、软组织损伤的急救方法

（一）开放性软组织损伤的急救

开放性软组织损伤可用生理盐水洗净创口，创口周围用 75% 的酒精消毒，局部擦以碘溶液、消炎抗菌软膏，暴露在空气中待干即可，也可覆以无菌纱布。石、煤、沙屑等嵌入皮肤时，先用生理盐水冲洗干净，再用已消毒的硬毛刷子将异物刷净，接着用过氧化氢（双氧水）冲洗创口，最后进行消毒。创口较深、污染较重时，应到医院进行抗菌素治疗。若伤口感染，应每日或隔日换药。

（二）闭合性软组织损伤的急救

在闭合性软组织损伤发生后的两天内，个人可以采取 RICE 的处理方法，以减少出血、肿胀、疼痛。

RICE 是由四个英文单词的首字母构成的，每个字母分别代表不同的急救步骤。

R 代表 Rest，即休息、制动。可减少因继续活动所引起的疼痛、出血、肿胀，避免伤势恶化。

I 代表 Ice，即用冷却剂、冰块、冰水等降低局部温度。可减轻肿胀，还可起到止痛、松筋的效果。

C 代表 Compress，即压迫。以绷带或黏胶略紧加压包扎，可减轻出血、肿胀和疼痛。

E 代表 Elevate，即将伤肢抬高超过心脏的高度。可使局部血流减少，降低肿胀程度。

实施 RICE 的冰敷处理时，每隔 2~3 小时冰敷 20~30 分钟，当感觉麻木时移开冰袋，反复操作，直到疼痛得到缓解为止。加压包扎时，先用适当厚度的海绵或棉花置于伤部，再用绷带最大长度

知识窗

肌肉拉伤和关节韧带损伤都属于闭合性软组织损伤。

的 70%进行包扎，注意观察局部露在外面的皮肤，如发紫则表示包扎太紧，需适当松解，以防血液循环不良。晚上睡觉时可拆除包扎，但伤肢仍需抬高。第二天重复 RICE 处理。一般而言，轻度受伤在 48 小时内都应采取 RICE 处理，严重损伤则需延长到伤后的 72 小时。

情境运用

如果你的朋友在运动或工作中发生肌肉拉伤和关节韧带损伤，医生和老师不能迅速到达现场，你应该如何对他／她进行急救呢？依照闭合性软组织损伤的急救写下你的急救方法。

1. 滑囊炎的急救

急性期应制动、固定，局部外敷活血、消肿、止痛类药。

2. 创伤性腱鞘炎的急救

局部制动、休息，用三角巾挂患肢，同时采用理疗、中药外敷等方法。

若滑囊炎和腱鞘炎的急救无效，病程较长，疼痛较重，活动受限，可考虑手术切开或部分切除。

好可怕！看来我们每个人都应做好运动损伤的预防。

3. 创伤性滑膜炎的急救

单纯性炎症应到医院进行关节穿刺，将淤血抽出，减轻疼痛。之后进行抗炎处

理，用新伤药外敷加压包扎固定。慢性炎症应在关节内或疼痛处注射封闭，使用关节保护支持带控制受伤关节活动。理疗、中药熏洗也有一定的治疗效果。

三、骨损伤的急救方法

在运动或工作中，骨折是较常见且急救方法复杂的损伤。骨折的急救原则是预防休克，就地固定，先止血再包扎伤口。就地固定可避免断端移动，便于伤员转运，减少疼痛。固定前须将伤肢纵向稍加牵引再上夹板。夹板的长短、宽窄要适宜，使骨折处上下两个关节都固定。缚扎夹板的绷带或布条应缚在骨折处的上下段，松紧适中，露出指（趾）端，若发现指（趾）端苍白、发麻、发凉、疼痛或变紫，须立即松解，重新固定。不同部位骨折的处理如表 2-3 所示。

表 2-3　不同部位骨折的处理

骨折类型	具体步骤
锁骨骨折	取三条三角巾折叠成宽带，在双肩腋下填上软布团或棉花，用两条宽带分别绕过两肩在背后打结，形成两个肩环，用第三条宽带在背后穿过两个肩环，拉紧打结，将两前臂缚扎固定或将伤侧肢体挂在胸前（图 2-7）。
肱骨骨折	屈肘成直角，将两块长短宽窄适宜的有垫夹板分别放在伤臂的内外侧，用宽带将骨折处上下部缚好，用小悬臂带把前臂挂在胸前，用宽带或三角巾将伤臂固定于体侧（图 2-8）。
前臂骨折	将两块有垫夹板分别放在前臂的掌侧和背侧，板长从肘到掌，前臂处于中立位，屈肘 90°，拇指朝上，用宽带缚扎夹板，用大悬臂带把前臂挂在胸前（图 2-9）。
手腕骨折	将一块有垫夹板放在前臂和手的掌侧，手握绷带卷，用绷带缠绕固定，然后用大悬臂带把伤臂挂于胸前（图 2-10）。
股骨骨折	一手握脚背，一手托脚跟，轻轻将脚向下拉，直到与健腿等长，同时将两块长夹板分别放在伤肢的内外侧，内侧夹板上至大腿根部，下达足跟，外侧夹板自腋下达足跟，然后用宽带固定夹板，在外侧打结（图 2-11）。
小腿骨折	将两块有垫夹板分别放在小腿的内外侧，两块夹板上自大腿中部，下至足部，用宽带分别在膝上、膝下及踝部缚扎固定（图 2-12）。
踝足部骨折	将伤者的鞋脱掉，取一块直角夹板置于小腿后侧，用棉花或软布在踝部和小腿下部垫妥后，用宽带分别在膝下、踝上和足趾部缚扎固定。

续表

骨折类型	具体步骤
颈椎骨折	将伤者头部固定，不屈不伸不旋转，数人合作将伤者抬至木板上，头部两侧用沙袋或卷起的衣服垫好固定，用宽带把伤者缚扎在木板上（图2-13）。

图 2-7	图 2-8	图 2-9	图 2-10
图 2-11		图 2-12	图 2-13

四、休克的急救方法

（一）休克的急救

伤员发生休克后，应使其平卧并保持安静，不要采取头低脚高位，做好保暖和防暑。神志清醒又无消化道损伤的伤病者，可给以适量的盐水（每升含盐3克）或热茶饮料。保持呼吸道通畅，及时清除分泌物及血块，发生舌后缩后把舌牵出口外。对心脏、呼吸停止的病人应立即进行心肺复苏。发生骨折、脱位和严重软组织损伤后，有剧烈疼痛者，可口服止痛片，或皮下注射。凡有颅脑损伤、颈髓损伤、胸腹部损伤的患者，禁用止痛药。昏迷的患者可针刺或手指掐点人中等部位。在进行上述急救的同时，应与医院联系，将患者迅速送到医院。

（二）心肺复苏

心肺复苏是针对呼吸、心跳停止的伤病者的抢救措施，即以人工呼吸代替自主呼吸，以胸外按压诱发心脏自主搏动。心肺复苏应当在4分钟内进行，开始时间越早，成活率越高。

人工呼吸常用的是口对口人工呼吸法。患者仰卧，松开领口、裤带和胸腹部衣物，把患者口腔打开，清除口腔内异物，盖上一块纱布；急救者一手置于病人前额，使其头部后仰，并捏住病人鼻孔，另一手托起患者下颌，压迫食道；深吸一口气，用双唇包绕封住病人的嘴外缘，向患者口中吹气，吹气后立即放开鼻孔。如此反复。开始应连续两次吹气，以后每隔5秒吹一次气，吹气频率为每分钟12～16次，直到患者恢复自主呼吸为止。

胸外心脏按压时，患者仰卧于硬板床或硬地面上，头低脚高，急救者一手掌根部置于患者胸骨的下半部，另一手交叉重叠于手背上，肘关节伸直，利用上半身的重量和肩臂的力量，有节奏地垂直按压，使之下陷3～4cm（儿童相对要轻）。每次按压后迅速抬手，使胸部复位。按压频率为每分钟60～80次，儿童稍快，操作至自主心跳出现为止。

单人心肺复苏时，每按压胸部15次，吹气2次。双人心肺复苏时，每按压5次，吹气1次。心肺复苏要连续进行，不能间断，直到患者恢复自主呼吸心跳或确诊死亡。

Part 2

体能提高篇

第三章

基础运动能力的提高

情境再现

　　1957年，郑凤荣以1.77m的成绩打破女子跳高世界纪录，成为我国第一位打破田径世界纪录的选手。2004年，刘翔在雅典奥运会上以12.91秒的成绩夺得110m栏冠军，这是我国田径项目上的第一个男子奥运冠军，刘翔也成为中国短跑史上具有划时代意义的运动员。四年后，在北京奥运会赛场上波兰选手马耶夫斯基以21.51m的成绩夺得男子铅球的冠军，他用铅球"画"出了完美的抛物线，掷出的铅球不仅有力度，还有波兰人民和世界体育人的期望。

　　我们虽然很难像他们一样在奥运赛场上叱咤风云，但是从"走"开始学习，掌握"跑""跳""投"这些技能，同样可以感受运动带给我们的快乐。

知识引领

　　掌握"走""跑""跳""投"的正确技术方法，可以使我们具备基本的运动技能。了解"走""跑""跳""投"的不同形式有利于丰富我们的业余活动和日常锻炼，在寓学于乐中提高身体的基础运动能力。

第一节 走

行走是人最基本的活动能力之一。它是以人体下肢为支撑、不断地进行周期性交替运动并使人体产生位移的过程。行走能够锻炼全身的经络与穴位，调节人体相应的内脏器官和系统功能，使人体各部位的功能活动保持协调和相对平衡，达到强身健体、愉悦身心、防病治病、延年益寿的目的。走作为一种锻炼手段，不仅简单易行，而且经济有效。

一、走的基本技术

上体正直、双肩微沉、目视前方、下颌微抬、略收小腹，上下肢做自然的前后对称性交替摆动动作（图3-1）。

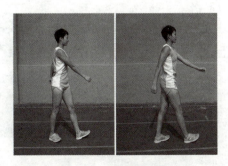

图 3-1 走的基本技术

二、走的锻炼方法

（一）大步向前走

挺胸抬头，目视前方，两臂放松，前后摆动，与双脚迈步协调配合，大腿稍抬高，小腿自然放松，膝关节与脚尖正对前进方向，脚跟先着地并过渡到全脚掌。

知识窗

竞　　走

竞走是奥运会唯一以走的形式进行比赛的项目，起源于英国。

从技术角度来说，支撑腿伸直，从单脚支撑过渡到双脚支撑，在摆动腿的脚跟接触到地面前，后蹬腿的脚尖不得离开地面，以确保不出现"腾空"的现象。

（二）倒退走

目视前方，挺胸立腰，两臂靠近体侧放松，前后摆动，髋关节与大腿放松，膝关节积极弯曲抬腿，前脚掌先着地并过渡到全脚掌（图3-2）。

（三）脚尖走

头部正直，目视前方，挺胸立腰，两臂前后摆动，膝关节与脚尖正对前进方向，脚跟提起离地，保持前脚掌着地（图3-3）。

图 3-2　倒退走

（四）脚跟走

头部正直，目视前方，挺胸立腰，上体略向前倾，两臂自然前后摆动，膝关节与脚尖正对前进方向，前脚掌离地，脚尖翘起，保持脚跟着地（图3-4）。

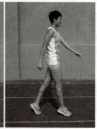

图 3-3　脚尖走

（五）弓箭步走

抬头挺胸，目视前方，双手叉腰，两腿前后呈弓步站立，膝关节与脚尖正对前进方向，上体直立，身体重心平稳，双腿交替走成弓步（图3-5）。

图 3-4　脚跟走　　　　　　　　　图 3-5　弓箭步走

（六）侧身交叉走

以左侧对行进方向为例，右腿经左腿前向左侧迈进，左腿跟着向左侧跨一步，右腿再经左腿后向左侧迈进，左腿再向左侧跨一步，如此交替进行，双臂在体侧自然摆动。（图 3-6）

（七）全蹲走

降低身体重心，成全蹲姿势，上体稍前倾，两臂自然弯曲或叉腰，尽量迈大步向前走。（图 3-7）

图 3-6　侧身交叉走　　　　　　　图 3-7　全蹲走

（八）"10点10分"走

举起双臂如钟表中"10点10分"的样子，沉肩抬头，身体正直，掌心向下，收腹、紧腰、提臀、顶肩，手指尽量向远、上、后处伸直，以自然步行走，也可同时双臂向前或向后绕行。

（九）云步走

侧对前进方向，两脚并拢，分别以双脚的脚跟、脚尖为支点，两脚脚尖、脚跟在髋关节的带动下快频率、小幅度地分别向前进方向旋转前进，通过转折点后身体另一侧朝前进方向。

（十）螃蟹横走

身体侧对前进方向呈俯撑或仰撑，手脚并用横行向前，保持节奏，衔接要快。过转折点后，身体另一侧转向前进方向，中等速度行进。

（十一）爬台阶走

一步一阶或一步两阶，两臂靠近体侧自然前后摆动，膝关节与脚尖正对前进方向，上台阶时，应收腹、紧腰、挺髋、提膝，高抬大腿，落地时脚跟过渡到脚掌，支撑末期前脚掌积极蹬地。

知识窗

田径运动：以走、跑、跳跃、投掷等动作形式组成的锻炼身体的手段，或按照特定的规则进行比赛的运动项目。根据国际业余田径联合会章程中对田径运动的解释，田径运动是由田赛和径赛、公路赛、竞走和越野赛组成的运动项目。

田赛：在专门的场地上进行的以高度和远度计算成绩的比赛项目。

径赛：在跑道或公路上举行的以时间计算成绩的比赛项目。

全能运动：由部分跑、跳跃、投掷项目组成的按评分办法计算成绩的综合比赛项目。

第二节　跑

跑是人体水平位移的一种基本运动形式，是单脚支撑与腾空相交替，蹬与摆相配合的周期性运动。跑步中的一个周期是由一个复步（即跑两步）构成的，它经过两个支撑时期和两个腾空时期。

跑的练习可以有效地改善心肺功能，使机体的耐力得以提高，还可以消耗体内多余脂肪，避免单纯性肥胖。青少年坚持长跑锻炼，能锻炼自己坚韧的毅力和良好的意志品质。

一、跑的基本技术

表 3-1　跑的基本技术

后蹬	身体重心移过支撑点垂直面时，即进入了支撑腿的后蹬动作。支撑腿在摆动腿前摆动作的配合下，快速有力地伸展髋、膝、踝关节，直至脚掌蹬离地面。
前摆	支撑腿后蹬的同时，摆动腿充分折叠并超越支撑腿，在髋关节的带动下快速有力地向前上方摆动。
腾空	支撑腿蹬离地面后，人体进入腾空阶段。小腿迅速向大腿靠拢，大、小腿边前摆边折叠，摆动大腿积极下压向前下方摆出，膝关节放松，着地前几乎伸直。
着地缓冲	摆动腿积极下落，前脚掌富有弹性地着地，着地点距身体重心投影点 27～37cm。身体重心迅速前移并通过支撑点上方。

正确的跑步姿势

- 头自然摆正；
- 双肩与身体微夹紧；
- 抬腿不宜过高；
- 脚后跟先着地；
- 腰部保持自然直立，不宜过于挺直，肌肉稍微紧张，维持躯干姿势；
- 运动中一只脚落地时，脚跟先着地，然后由脚跟滚动到脚掌，减少对踝关节的伤害；落地时膝关节保持微屈，不要挺直，减少对膝关节的伤害；
- 摆臂尽量放松。

二、跑的锻炼方法

（一）有氧跑

有氧跑时，躯干正直或稍前倾，挺胸、收腹、拔腰，头部正直，颈部放松。两手掌自然伸直或半握拳，双臂以肩为轴轻快有力地贴身前后摆动。前摆时，手的高度略超过下颌；后摆时，上臂摆至约与肩同高。

（二）间歇跑

间歇跑采用有节奏、有深度的口鼻呼吸的方式，快慢结合。快速跑后用走或慢跑的方式进行休息，而非直接坐下。

（三）快速跑

可进行 30m、50m 和 100m 的全速跑，也可进行不同距离的变速跑。

（四）折返跑

折返时须提前减速，制动及时，加速阶段积极摆臂抬腿，身体重心灵活移动，可进行 3m 的变向跑和 10m 的折返跑练习。

（五）高抬腿跑

头部正直，目视前方，上体保持正直略向前倾，双手半握拳，双臂弯曲近体侧，以肩为轴前后大幅度摆动，膝关节与脚尖正对前方，重心提起，大腿抬平，与上体成直角，小腿放松与大腿自然折叠。蹬地腿的髋、膝、踝关节充分伸直。落地时大腿积极下压，前脚掌着地。可进行原地高抬腿跑、行进间高抬腿跑和高抬腿接加速跑等不同的练习形式。

（六）后踢小腿跑

上体保持正直略向前倾，头颈自然放松，目视前方，双手半握拳，双臂弯曲近体侧，以肩为轴前后自然快速摆动，膝关节与脚尖正对前方，腿部放松，小腿积极快速折叠后踢，脚跟踢到臀部，全脚掌着地。

（七）交叉步跑

上体正直，头颈自然放松，目视前方，侧对前进方向站立，双腿前后交替向一侧跑动，膝关节放松，并向前进方向摆髋提膝，前脚掌着地。注意摆动腿、支撑腿及全身的协调配合，动作频率宜由慢到快。

（八）后蹬跑

上体稍前倾，后蹬充分有力，髋部前送，摆动腿积极有力地向前上方摆动，然后大腿积极下压，前脚掌着地，两臂协调配合两腿动作，前后自然摆动。

（九）倒退跑

上体正直或略向前倾，头颈自然放松，目视前方，挺胸收腹立腰，双手半握拳，双臂弯曲近体侧，以肩为轴前后自然摆动，腿放松，并积极向后抬腿摆动，前脚掌着地。

知识窗

起　　跑

1. 蹲踞式起跑

听到"各就位"口令后，两手撑于起跑线后，约与肩同宽，两臂伸直；一脚在前，一脚在后，呈蹲踞姿势。听到"预备"口令后，臀部抬起并稍高于肩，肩前倾超过起跑线，静候出发。听到"跑"（或枪声）后，两脚用力蹬地（或起跑器），两臂用力摆动冲出起跑线。

2. 站立式起跑

听到"各就位"口令后，两脚自然前后开立，前脚紧靠于起跑线、全脚掌着地，后脚以前脚掌着地，两腿弯曲，上体前倾，重心下移、前移；前腿的异侧臂自然弯曲于体前，同侧臂稍屈在后，静候出发。听到"跑"（或枪声）后，两脚用了蹬地，同时后腿迅速前摆，两臂积极前后交换摆动，身体迅速向前冲出。

第三节　跳

跳是人体利用自身的能力或借助一定的器材，通过一定的运动形式，克服重力，使人体尽可能高或远的运动。根据身体运动方向，跳的练习分为高跳练习和远跳练习。跳的竞赛项目包括跳高、撑竿跳高、跳远和三级跳远。

跳的腾起初速度是决定跳的高度或远度的重要因素。它是由助跑水平速度与起跳中所产生的垂直速度合成，由人的身体能力和技术水平所决定。

一、跳的基本技术

各项跳跃运动都有四个紧密相连的阶段。

● 助跑：人体向前水平移动阶段。支撑腿后蹬的同时，摆动腿充分折叠并超越支撑腿，在髋关节的带动下快速有力地向前方摆动，人体向前水平移动。

● 起跳：人体向前水平移动转变为向前上运动阶段。支撑腿用力向前上方蹬离地面，人体向前上方移动。

● 腾空：人体离地后的空中腾越阶段。支撑腿蹬离地面后，小腿迅速向大腿靠拢，人体进入腾空阶段。人体离地后的空中腾越阶段，大、小腿边前摆边折叠时，摆动大腿积极下压向前下方摆出，膝关节放松，着地前几乎伸直。

● 落地：人体腾空后着地阶段。摆动腿积极下落，前脚掌富有弹性地着地，支撑腿快速与支撑腿汇合，两腿向前上方伸展，身体重心迅速前移并通过支撑点上方。

二、跳的锻炼方法

（一）直腿跳

原地直立，两脚开立与肩同宽，双腿同时蹬地，脚踝发力，直膝向上跳，连续不间断，两臂协调配合摆动。

（二）深蹲跳

双脚自然开立，全蹲，大腿与地面平行，双腿同时发力蹬地，向上跳起，两臂自然向上摆动。落地时，前脚掌过渡到全脚掌缓冲着地，还原成全蹲。

（三）团身收腹跳

原地半蹲跳起，两腿并拢，屈膝团身，大腿尽量触及胸部，两臂协调配合摆动。落地时，前脚掌过渡到全脚掌缓冲着地，还原成半蹲。

（四）原地纵跳

双脚开立，身体下蹲向上纵跳。第一次腾空双腿做外展屈腿并脚动作；第二次腾空双腿做提膝并脚动作；第三次腾空双腿做后摆展体动作。（图3-8）

图 3-8 原地纵跳

（五）助跑摸高

助跑 3~5 步，单脚或双脚起跳，摆动腿迅速上抬，双臂上摆，单手尽量摸空中固定物体。

（六）原地换腿跳台阶

台阶齐膝高或略低于膝，一腿踏在台阶上，另一腿支撑于地面，两腿蹬地向上跳起，空中交换腿，连续跳跃。

（七）单足跳

单腿连续向前大幅度远跳，或者较快频率小幅度远跳，两臂前后摆动配合。

（八）跨步跳

一腿用力蹬地，摆动腿积极向前上摆，在空中形成大跨步，并保持较长滞空时间，接着摆动腿迅速着地，为下一次跨步跳动作做准备。（图 3-9）

图 3-9 跨步跳

（九）单足换腿跳

左腿单腿向前跳一次，接着右腿上步交换单腿向前跳一次，依次轮换进行。

（十）连续兔跳

全蹲，两手体后互握，身体正直，两腿用力蹬地向前跳进，连续练习。

（十一）连续蛙跳

半蹲或深半蹲开始，两臂前摆，两腿蹬地向前跳出，接着尽量收腹举腿，手臂后摆，双脚前伸，足跟落地缓冲，然后过渡到下一次跳跃，连续练习。

（十二）立定三级跳

原地分腿站立，两腿同时用力向前跳起，第一跳为单腿跳，第二跳为跨步跳，第三跳两腿迅速并拢、收腹、举腿前伸落地。

第四节　投

一、投的基本技术

投掷是人体利用自身的能力，通过一定的运动形式，抛射手持的器械，并尽可能获得远度的项目。完整的投掷包括四个阶段。

● 准备阶段：稳固地握持器械，充分利用投掷臂的长度，对器械有良好的肌肉感觉，能控制住器械。

● 预加速阶段：使人体和器械获得一定的初速度，为最后用力阶段创造良好的条件。

● 最后用力阶段：在稳固有力支撑的基础上，把全身的力量通过投掷臂和手，以最快的速度作用到器械上，以适宜的角度把器械投掷出去。

● 结束阶段：通过降低重心，换腿缓冲等动作，维持器械出手后的身体平衡。

二、投的锻炼方法

（一）正面抛掷实心球

推球时上体略前倾，两脚用力蹬地，两臂用力将球推出（图 3-10）。

图 3-10　正面抛掷实心球

（二）前抛实心球

两脚左右开立，两腿弯曲，上体稍前倾，向前上方用力蹬伸两腿，展髋，同时两臂积极向前上方摆起，并用力将球抛出（图 3-11）。

图 3-11　前抛实心球

（三）后抛实心球

两脚左右开立，背对投掷方向，双手持球下摆于大腿内侧，两腿快速蹬伸，展髋甩腰，躯干后摆，挥臂将球向后上方抛出（图 3-12）。

图 3-12　后抛实心球

（四）双手从头后前抛实心球

双手握球于头上，身体呈反弓姿势，两腿用力蹬地，送髋、展胸，以胸带臂收腹，上体迅速前移，两臂用力将球向前上方抛出（图 3-13）。

图 3-13　双手从头后向前抛实心球

（五）持轻物投准

正面投准：面对投掷方向，两脚前后开立，左（右）脚在前，右（左）手持轻物屈肘于肩上，肘关节向前，目视前面投掷标志，将轻物向远处目标投出。

侧向投准：侧对投掷方向，两脚左右开立。右手持轻物向侧后方引伸，右腿微屈，右脚蹬地向左转体，右臂经肩上、头侧自然挥动，将轻物向前上方投出。掌握合适的蹬地和出手角度。

（六）持重物投远

正面投远：正对投掷方向站立，目视前方，右手握持重物于肩上，向后转体引肩，双脚稳固支撑，投掷时积极蹬地，送髋、转体向前上挥臂，将重物掷出。

侧向投远：侧对投掷方向，两脚左右开立，左（右）脚在前，身体左（右）侧对准投掷方向。右（左）手握重物向侧后方引伸，右（左）腿微屈，右（左）脚蹬地、送髋、转体、挥臂，将重物经肩上向前上方掷出。

（七）原地侧向推

两脚左右开立，左肩侧对投掷方向，右手持器械于颈部。上体向右转动，弯曲右腿，重心落于右腿上，上体与左腿基本成一条直线。左腿支撑，右脚蹬地转髋，带动躯干，以左肩为轴向投掷方向转动。当上体转向投掷方向时，快速完成推器械动作。

（八）交叉步投掷

两脚左右开立，左肩侧向投掷方向，右手持器械于肩上方，右腿从体前向左侧方向迈步落地，接着左脚向左侧跨步，如此连续 3~5 步，然后右腿蹬伸，左腿撑地，手臂用力将器械经头上前抛出。

（九）原地转体侧摆抛

两脚左右开立，背对投掷方向，双手握球于体前。投掷时，先持球向投掷方向异侧预摆，然后迅速向投掷方向转体，带动手臂将球于肩侧上方抛出。

第 ④ 章

基本身体素质的提高

情境再现

邓亚萍在其运动生涯中，取得冠军头衔 132 个，获得 18 个世界冠军，其中，连续两届 4 次奥运会冠军。童年的邓亚萍立志做一名优秀的运动员，但是由于她个人身体条件不符合体校的要求，体校的大门没能向她敞开。于是年幼的邓亚萍决定跟父亲学习乒乓球，她每天都会超额完成身体素质的训练。每一节身体素质课后，汗水都会湿透邓亚萍的衣服、鞋袜，有时甚至连地板也会浸湿一片。由于邓亚萍的付出，她在全国少年比赛中获得团体和单打两项冠军后，如愿以偿进入了河南省队，后进入了国家队。

你想拥有强健的骨骼和健美的肌肉吗？你希望自己身轻如燕吗？你在电影中欣赏过蜘蛛侠飞檐走壁、攀爬高楼的刺激场面吗？你还记得儿时小伙伴之间的掰腕子、胳膊角力、拔河比赛吗？不论是邓亚萍的案例还是身边的这些情境都涉及我们的基本身体素质。有效地提高身体素质，不仅能提高我们的运动水平、健康水平和心理素质，而且能满足优良身体形态的需要。当你在生活中遇到各种复杂情况时，只有具备了比较全面的身体素质，你才能够灵活应对。

知识引领

一个人的身体素质的好坏虽与遗传有关，但与后天体育锻炼的关系更为密切。了解基本身体素质的内容和概念，掌握适合自己的科学锻炼方法，养成在日常生活中锻炼基本身体素质的习惯，为学习、工作和生活打下坚实的身体基础。

第一节 柔韧性

一、柔韧性的基本概念

柔韧性是指人体关节活动幅度以及关节韧带、肌腱、肌肉、皮肤和其他组织的弹性和伸展能力。柔韧性得到充分发展后，人体关节的活动范围将明显加大，关节灵活性也将增强。这样做动作会更加协调、准确、优美，同时在体育运动和日常生活中可以减少由于动作幅度加大、扭转过猛而产生的关节、肌肉等软组织损伤。

二、柔韧性的锻炼方法

（一）手指手腕柔韧性练习

1. 握拳、伸展反复练习。

2. 两手五指相触用力内压，使指根与手掌背面成直角或小直角。

3. 两手五指交叉直臂头上翻腕，掌心朝上。

4. 手腕伸屈、绕环。

5. 手指垫高的俯卧撑。

6. 杠铃至胸，用手指托住杠铃杆。

7. 用左手掌心压右手四指，连续推压。

8. 面对墙站立，连续做手指推撑。

9. 左、右手指交替抓下落的棒球。

10. 靠墙倒立。

（二）肩关节柔韧性练习

1. 压肩

（1）手扶一定高度体前屈压肩。

（2）两人手扶对方肩，体前屈直臂压肩。

（3）面对墙一脚距离站立，手、大小臂、胸触墙压肩（逐渐加大脚与墙的距离）。

（4）练习者背对横马并仰卧在鞍马上，帮助者在后面扶着他上臂下压。

（5）两人互相以手搭肩，身体前倾，向下有节奏地压肩。

2. 拉肩

（1）双人背向两手头上拉住，同时作弓箭步前拉。

（2）练习者站立，两手头上握住，帮助者一手拉练习者头上手，一手顶背助力拉。

（3）练习者俯卧，两手相握头上举或两手握木棍，帮助者坐练习者身上，一手拉木棍，一手顶其背助力拉。

3. 吊肩

（1）单杠各种握法（正、反、反正、翻等握法）的悬垂摆动。

（2）单杠负重静力悬垂。

（3）杠悬垂或加转体。

（4）单杠悬垂，两腿从两手间穿过下翻呈后吊。

4. 转肩

双手握住木棍、绳或橡皮筋作直臂向前、向后的转肩（握距逐渐缩小）。

（三）腰腹部柔韧性练习

1. 弓箭步转腰压腿。

2. 两脚前后开立，向左后转，向右后转，来回转腰。

3. 体前屈手握脚踝，尽量使头、胸、腹与腿相贴。

4. 站在一定高度做上体前屈，手触地面。

5. 分腿体前屈，双手从腿中间后伸。

6. 分腿坐，脚高位体前屈，帮助者可适当用力压其背部助力压。

7. 后桥练习，逐渐缩小手与脚的距离。

8. 向后甩腰练习。

9. 俯卧撑交替举后腿，上体尽量后抬呈反弓形。

10. 双人背向，双手头上握或互挽臂互相背。

11. 肩肘倒立下落屈体肩肘撑。

（四）胸部柔韧性练习

1. 俯卧背屈伸。练习者腿部不动，积极抬上体、挺胸。

2. 虎伸腰。练习者跪立，手臂前放于地上，胸向下压。要求主动伸臂，挺胸下压。

3. 练习者面对墙站立，两臂上举扶墙，抬头挺胸压胸。要求胸尽量贴墙，幅度由小到大。

4. 练习者背对鞍马站立，身体后仰，两手环握使胸挺出。要求充分伸臂，顶背拉肩、胸。

5. 练习者并腿坐在垫子上，臂上举，同伴在背后一边向后拉其双手，一边用脚蹬练习者肩背部，向后拉肩振胸。

（五）下肢柔韧性练习

1. 前后劈腿（图 4-1）。腿前后分开成一字形，可独立前后振压，也可以将腿部垫高，由同伴帮助下压。

图 4-1　前后劈腿

2. 左右劈腿（图 4-2）。腿左右分开成一字形，双手在体前撑地，努力使身体向下振压，也可以由同伴扶腿部不断下压。

图 4-2　左右劈腿

3. 压腿（图4-3）。将脚放在一定高度上，另一腿站立脚尖朝前，然后正压（勾脚）、侧压、后压。

图4-3　压腿

4. 踢腿。原地扶把杆或行进，正踢（勾脚）、侧踢、后踢。

5. 摆腿。向内、向外摆腿。

6. 控腿。手扶支撑物体，前控、侧控、后控。

7. 弓箭步压腿。

8. 跪坐压脚面。

9. 用脚内侧、外侧、脚跟、脚尖走。

10. 负重深蹲，脚跟不离地使脚尽量弯曲。

（六）踝关节和足背部柔韧性练习

1. 练习者跪在垫子上，利用体重前后移动压足背，也可将足尖部垫高，使足背悬空做下压动作，增加练习难度（图4-4）。

图4-4

2. 练习者坐在垫子上，在足尖部上面放置重物，压足背。

3. 做脚掌着地的各种跳绳练习。

4. 做脚前掌着地的各种方向、各种速度的行走练习。

情境运用

运用教室、学校或家中的物品摆设等，灵活运用学到的柔韧性锻炼方法，进行柔韧性练习，并把自己练习的场景以照片的形式记录下来。

第二节　力量

一、力量的基本概念

力量是指人的机体或机体的某一部分肌肉工作（收缩或舒张）时克服内外阻力的能力。外阻力包括物体的重量、支撑反作用力、摩擦力以及空气或水的阻力等。内阻力包括肌肉的黏滞力、关节的加固力及各肌肉间的对抗力等。

依据力量与运动专项的关系，力量分为基础力量、功能性力量与专项力量；依据力量与人体体重的关系，力量分为绝对力量和相对力量；根据完成不同体育运动所需力量的不同特点，力量分为最大力量、速度力量和耐力力量；依据人体解剖部位，力量分为核心力量和四肢力量。

二、力量的锻炼方法

（一）俯卧撑

俯身向前，手掌撑地，手指向前，两臂伸直，两手撑距同肩宽，两腿向后伸直，两脚并拢以脚尖着地。两臂屈肘向下至背低于肘关节，接着两臂撑起伸

直成原来姿势。身体保持平直，不能塌腰成"凹"形，也不可拱臂成"凸"形。（图4-5）

图4-5　俯卧撑

（二）引体向上

两手正握或反握单杠，握距同肩宽，两脚离地，两臂伸直，身体悬垂。引体发力，身体向上拉至头过杠面，然后身体慢慢垂下来成原来姿势。引体发力不要借助身体摆动或屈蹬腿的力量。

（三）双杠臂屈伸

两臂屈伸在双杠上，身体垂直在杠内，屈臂至两臂完全弯曲，接着用力撑起，使两臂伸直成原来姿势。身体要直，下肢自然下垂，腿不要屈伸摆动。（图4-6）

图4-6　双杠臂屈伸

（四）仰卧起坐

仰卧在地板或垫子上，身体处于水平位置上，腿伸直，两手在头后交叉，腰腹发力抬上体至垂直部位，再慢慢后倒成原来姿势。起坐动作速度要快，下卧动作速度应

慢。(图 4-7)

图 4-7 仰卧起坐

（五）收腹举腿

仰卧在地板或垫子上，身体伸直处于水平位置上，两臂伸直自然置于体侧，然后收腹向上举起双腿至垂直部位，再慢慢放下成原来姿势。收腹举腿动作速度要快，放腿动作速度应慢。

（六）体后屈伸

身体俯卧在垫子或凳子上，髋部支撑，脚固定，两臂前举连续做体后屈伸动作。体后屈时，上体尽量抬高。

（七）俯卧背腿

俯卧在地板或垫子上，两腿并拢伸直，髋部支撑，两臂自然伸直置于体侧，连续做两腿向后上振起动作。

（八）连续跳跃

可用单腿跳跃和双腿跳跃进行水平跳，也可在高物上交替跳，跳深或多级跨步跳。

（九）提踵运动

在两腿底下放一块 5～6cm 厚的木板，前脚掌踏于木板上，脚后跟着地，尽量提高脚后跟再放下，连续进行。身体正直，上体挺拔，臀部不要后坐。(图 4-8)

图 4-8 提踵运动

第三节　速度

一、速度的基本概念

速度是指人体或人体某部位快速运动的能力，是人体或人体某部位快速做出运动反应、快速完成动作、快速移动的能力。基本表现形式有反应速度、动作速度和移动速度。

反应速度是人体对各种信号刺激（声、光、触等）快速应答的能力。锻炼时要根据不同项目的特点测定人体对特定信号的反应时。动作速度是人体或人体某部位快速完成动作的能力，表现为人体完成某一技术动作时的挥摆速度、击打速度、蹬伸速度、踢踹速度等，还表现为在单位时间内连续完成单个动作的重复次数（动作频率）。移动速度是人体在特定方向上位移的速度，以单位时间内人体移动的距离为评定指标。

二、速度的锻炼方法

（一）反应速度的练习

1. 听口令做对应的相反动作

如教练让立正，练习者做稍息；教练让向左转，练习者向右转等。

2. 反应突变

练习者听各种信号做各种滑步、上步、交叉步等移动、转身、急停、接球、上步垫球等模仿练习。每组练习 2～3 次，重复 2～3 组，组间歇 5～7 分钟。

3. 小步跑、高抬腿跑接起动加速跑

做原地或行进间的小步跑或高抬腿跑，听到信号后突然加速冲跑 10～20m。每组练习 2～3 次，重复 2～3 组，组间歇 5～7 分钟。

4. 俯撑起跑

从俯撑开始，听信号后迅速收腿起跑 10～20m。每组练习 2～3 次，重复 2～3 组，组间歇 5～7 分钟。

5. 转身起跑

背对前进方向站立，听信号后迅速转体 180°，起跑加速跑 20m。每组练习 2～3 次，重复 2～3 组，组间歇 5～7 分钟。

6. 接不同方向来球

几人从不同方向给一人供传球，一人接不同方向的来球。

（二）动作速度的练习

1. 根据口令或击掌节奏摆臂

两脚前后开立或弓箭步，根据口令或击掌节奏，做快速前后摆臂练习 20 秒左右，节奏由慢至快，快慢结合。摆臂动作正确有力。重复 2～3 组，组间歇 3～5 分钟。

2. 原地快速高抬腿或支撑高抬腿

站立或前倾支撑肋木或墙壁等，听信号后做高抬腿 10～30 秒，大腿抬至水平，上体不后仰（图 4-9）。重复 4～6 组，组间歇 5～7 分钟。

3. 仰卧高抬腿

仰卧，两腿快速交替做高抬腿练习。要求大腿工作，做 10～30 秒练习，重复 4～6 组，组间歇 5～7 分钟；也可做抗阻力练习，如拉胶皮带，将胶皮带分别固定在肋木（树干）上和两脚踝关节处，以高抬腿拉力抗阻力，胶带固定的一端要低于垫子平面约 20cm，也可拉完胶带后再徒手练习。

图 4-9　原地快速高抬腿

4. 悬垂高抬腿

两手握单杠成悬垂，两腿快速交替做屈膝高抬腿和下蹬伸直动作，速度越快越好。每次两腿各抬 20～50 次，重复 2～3 组，组间歇 3～5 分钟。

5. 快速小步跑

小步跑 15～30m，两腿频率越快越好。要求大腿工作，小腿放松，膝踝关节放松，脚落地"扒地"。重复4~6组，组间歇5~7分钟。

6. 小步跑转高抬腿跑

快速小步跑5~10m后，转高抬腿跑20m。小步跑时要放松且频率快，转高抬腿跑时频率不变，幅度加大。重复3~5组，组间歇5~7分钟。

7. 跨步跳接跑台阶

先跨步跳台阶，听信号后变快速跑台阶。要求逐个台阶跑，不许跨越，速度越快越好。如台阶数目固定可以计时跑。每组练习5~7次，重复2~3组，组间歇3~5分钟。

8. 变速高抬腿跑

行进间高抬腿跑中突然做几次最快速的高抬腿练习。动作要协调，重复4~6组，组间歇5分钟左右。

（三）移动速度的练习

1. 小步跑转加速跑

行进间快频率小步跑，听到信号后转加速跑20~30m。起动快，在高速下完成练习。每组练习2~3次，重复2~3组，组间歇5~7分钟。

2. 高抬腿跑转加速跑

行进间快频率高抬腿跑，听信号后转加速跑。高抬腿动作规范，频率逐渐加快，加速跑时频率不变。每组练习2~3次，重复2~3组，组间歇5~7分钟。

3. 快速后蹬跑

慢跑5~7步后，做行进间快速后蹬跑20~30m。蹬摆协调，后蹬充分向前。每组练习3~4次，重复2~3组，组间歇7~10分钟。

4. 高抬腿跑接车轮跑

原地快速高抬腿5~10秒，接车轮跑15m。每组练习3~5次，重复2~3组，组间歇7~10分钟。

5. 后蹬跑转加速跑

行进间后蹬跑20m，听信号后转加速跑20~30m。后蹬动作规范，用力方向向前，加速跑速度越快越好。每组练习2~3次，重复2~3组，组间歇7~10分钟。

6. 单足跳转加速跑

先做 10~15m 单足跳，听信号后转加速跑 20~30m。左右脚各做一次练习后变换，加速跑要达到最快速度。每组练习 2~4 次，重复 2~3 组，组间歇 5~7 分钟。

7. 交叉步接加速跑

先做 5m 交叉步跑，然后转体做加速跑 20m。要求交叉步符合技术规格，动作协调，加速跑速度越快越好。每组练习 2~3 次，重复 2~3 组，组间歇 5~7 分钟。

第四节　耐力

一、耐力的基本概念

耐力是机体在一定时间内保持特定运动强度或动作质量的能力，是人体在长时间工作或运动中克服疲劳的能力，也是反映人体健康水平或体质强弱的重要标志。耐力水平的提高表现为更长时间内保持特定运动强度或动作质量，或在一定时间内承受更高运动强度的能力。

耐力根据机体活动持续时间分为短时间耐力、中等时间耐力、长时间耐力；根据与专项的关系分为一般耐力和专项耐力；根据器官系统机能分为有氧耐力、无氧耐力和有氧无氧混合耐力；根据肌肉的工作方式分为静力性耐力和动力性耐力。

二、耐力的锻炼方法

（一）有氧耐力的练习

1. 定时跑

在场地或公路上做 10~20 分钟或更长时间的定时跑，强度为 50%~55%。

2. 定时定距跑

在场地或公路上做定时跑完固定距离的练习。如要求在 14～20 分钟内跑 3600～4600m，强度为 50%～60%。

3. 变速跑

在场地上进行，快跑段、慢跑段距离应根据专项任务与要求决定。一般常以 400m、600m、800m、1000m 等距离段进行。例如中距离跑运动员常采用 400m 快跑，200m 慢跑的变速或 600m 快跑，200～400m 慢跑的变速。长跑运动员常采用 1000m 快、400m 慢的变速。每组练习 4～8 次，重复 1～2 组，组间歇 10～12 分钟。快跑段心率控制在 140 次 / 分钟左右，慢跑段心率恢复到 120 次 / 分钟以下，间歇后心率恢复到 100 次 / 分钟以下时，即可开始下一组练习。

4. 重复跑

在跑道上进行，重复跑的距离、次数与强度应根据专项任务与要求而定。强度不应大，跑距应较长。一般重复跑距为 600m、800m、1000m、1200m，一般重复 4～10 次，强度为 50%～60%。

5. 大步走、交叉步走或竞走

在场地、公路或其他自然环境中大步快走、交叉步走或几种走交替进行。每组 1000m 左右，重复 4～6 组，组间歇 3～4 分钟，强度为 40%～50%。

6. 3 分钟以上跳绳或跳绳跑

做两臂正摇原地跳绳 3 分钟或跳绳跑 2 分钟。重复 4～6 组，组间歇 5 分钟，强度为 45%～60%。每次结束时心率在 140～150 次 / 分钟，当心率恢复至 120 次 / 分钟以下时，即可开始下一次练习。

7. 连续换腿跳平台

平台高度 30～45cm，一只脚放在平台上，另一只脚支撑在地上，两脚交替跳上平台各 30～50 次，重复 3～5 组，组间歇 3 分钟。

（二）无氧耐力的练习

1. 原地间歇高抬腿跑

原地做快速高抬腿练习。发展非乳酸性无氧耐力，做每组 5 秒、10 秒、30 秒快速高抬腿练习，重复 6~8 组，组间歇 2~3 分钟，强度为 90%~95%。发展乳酸性无氧耐力，做 1 分钟练习，或 100~150 次为一组，重复 6~8 组，组间歇 2~4 分钟，强度为 80%。

2. 原地或行进间做车轮跑

原地或行进间做车轮跑，每组练习 50~79 次，重复 6~8 组，组间歇 2~4 分钟，强度为 75%~80%。

3. 行进间后蹬跑

行进间做后蹬跑，每组练习 30~40 次或 60~80m，重复 6~8 组，组间歇 2~3 分钟，强度为 80%。

4. 反复跑

跑距为 60m、80m、100m、120m、150m。重复次数应根据距离的长短及机体水平而定。一般每组练习 3~5 次，重复 4~6 组，组间歇 3~5 分钟。练习时心率应达 180 次/分钟，间歇恢复至 120 次/分钟时可进行下次练习。如发展乳酸无氧耐力，距离要长，强度要小。

5. 间歇行进间跑

行进间跑距为 30m、60m、80m、100m。计时进行，每组练习 2~3 次，重复 3~4 组，每一次间歇 2 分钟，组间歇 3~5 分钟，强度为 80%~90%。

6. 间歇接力跑

跑道上四人成两组，相距 200m 站立，听口令起跑，每人跑 200m 交接棒，每人重复 8~10 次，要求每棒跑的时间。

7. 反复加速跑

跑道上加速跑 100m 或更长距离，跑完后放松走回再继续跑，反复 8~12 次，强度为 70%~80%。

8. 反复超赶跑

10 人左右成纵队慢跑或中等速度跑，听口令后，排尾加速跑至排头，每人重复循环 6~8 次，强度为 65%~75%。

9. 变速跑

变速快跑和变速慢跑结合进行。快跑段与慢跑段距离应根据练习者实际情况而定。发展非乳酸性无氧耐力，采用 50m 快、50m 慢、100m 快、100m 慢或直道快、弯道慢或弯道快、直道慢。发展乳酸性无氧耐力，采用 400m 快、200m 慢或 300m 快、200m 慢或 600m 快、200m 慢，强度为 60%～80%。

10. 反复变向跑

听口令或看信号做向前、后、左、右的变向跑。每次进行 2 分钟，重复 3～5 组，组间歇 3～5 分钟，强度为 65%～70%。变向跑的每一段均为往返跑，即跑出去后，返回起跑位置，每一段至少 50m。当间歇后心率恢复到 120 次／分钟以下，即可继续练习。

11. 反复连续跑台阶

在每组高 20cm 的楼梯或高 50cm 的看台上，连续跑 30～40 步台阶，每步 2级，重复 6 组，组间歇 5 分钟，强度为 65%～70%，要求动作不间断，也可定时完成。

12. 连续侧滑步跑

身体侧对前进方向，做侧向滑步跑 100～150m，重复 5～6 组，组间歇 3～5 分钟，强度为 60%～70%，每次心率达 160 次／分钟。

13. 两人追逐跑

两人一组相距 10～20m（根据水平不同确定）。听口令后起跑，后面人追赶前面人，800m 内追上有效，下次交换位置。重复 4～6 组，组间歇 3～5 分钟，强度为 65%～75%。

（三）有氧无氧混合耐力的练习

1. 1 分钟立卧撑

由直立姿势开始，下蹲两手撑地，伸直腿成俯撑，然后收腿成蹲撑，再还原成直立。每组做 1 分钟，重复 4～6 组，组间歇 5 分钟，强度为 50%～55%。要求必须站起来才算完成一次练习。或做立卧撑接蹲跳起，强度稍大，30 次为一组，组间歇 10 分钟。

2. 重复爬坡跑

在 15°～20°的斜坡道上进行上坡跑，跑距 250m，重复 5 组，组间歇 3～5 分钟，强度为 60%～70%。

3. 连续半蹲跑

呈半蹲姿势，向前跑 50～70m，重复 5～7 组，组间歇 3～5 分钟，强度为 60%～65%。不规定速度，走回来时尽量放松，进行下一次练习前，可做 15 秒贴墙手倒立。

4. 连续跑台阶

在高 20cm 的楼梯或高 50cm 的看台上，连续跑 30～50 步，如跑 20cm 高的楼梯，每步跳 2 级。重复 6 组，组间歇 5 分钟，强度为 55%～65%。动作不间断，不规定时间，向下走尽量放松，心率恢复到 100 次/分钟时可开始下一次练习。

5. 长距离多级跳

在跑道上做多级跳，每组跳 80～100m，30～40 次，重复 3～5 组，组间歇 5 分钟，强度为 60%～70%，如规定完成时间，强度会提高，注意组间恢复情况。

6. 半蹲连续跳

在草地上做连续向前双脚跳，落地呈半蹲（膝关节成 90°～100°），落地后迅速进行第二次。每组练习 20～30 次或 50～60m，重复 3～5 组，组间歇 5 分钟，强度为 55%～60%。

7. 连续深蹲跳

原地分腿站立，连续做原地深蹲跳或在草地上向前深蹲跳，要求落地即起。每组练习 20～30 次或 30～40m，重复 3～5 组，组间歇 5～7 分钟，强度为 55%～65%。

8. 双摇跳绳

原地正摇跳绳，跳一次摇两圈绳，连续进行。每组跳 30～40 次，重复 4～6 组，组间歇 5 分钟，强度为 55%～60%。心率恢复到 120 次/分钟以下时可进行下一组练习。

9. 连续跳深

站在 60～80cm 高的台阶或跳箱上双脚向下跳，落地后迅速跳上 30～50cm 高的台阶或跳箱。连续跳 20~30 次为一组，重复 3~5 组，组间歇 5 分钟，强度为 60%~65%。

10. 连续纵跳摸高

在篮球架下站立，连续纵跳双手摸高，每组练习 30 次，重复 4~6 组，组间歇 2 分钟，强度为 40%~60%。

第五节　灵敏性

一、灵敏性的基本概念

灵敏性是人体在各种突然变化的条件下，能够迅速、准确、协调、灵活地完成动作的能力，是人体各种运动技能、神经反应和身体素质在运动中的综合表现。灵敏性分为一般灵敏性素质和专项灵敏性素质，前者指适应一般活动的灵敏性素质，后者指符合专项需求的特殊灵敏性素质。

良好的灵敏性不但有利于更快、更多、更准确、更协调地掌握技术和练习手段，使已有的身体素质充分、有效地运用到实践中，还可以防止伤害事故的发生。

二、灵敏性的锻炼方法

（一）固定转换体位练习

进行"穿梭跑""8 字跑"和"折返跑"等练习。

（二）行进间转换体位练习

在跑、跳中做迅速改变方向的各种跑、躲闪、突然起动以及各种快速急停急起和迅速转身的练习。

（三）按口令做动作练习

突然发出各种指令信号，练习者接收信号后，迅速做出应急反应，或按口令做相反的动作。

（四）复杂多变的综合练习

进行由"之字跑""躲闪跑""穿梭跑"和"立卧撑"四项组成的综合性练习。

（五）专门练习

连续进行立卧撑跳转 180°、上步纵跳、左右弧线助跑、单腿起跳、连续进行旋转 360°。

（六）模仿动作练习

一对一追逐模仿。

（七）跳绳练习

两人摇绳，从绳下跑过转身，从绳上跳过。

（八）抢断篮球练习

一方攻，一方守，攻方运球强行通过，守方积极拦截抢夺，夺到球的一方变为攻方，转入下一组练习。

情境运用

设计不同的灵敏性的锻炼方法和灵敏性测试方法，并与同学互相测试。

第五章

职业体能的提高

　　小张是某公司的行政员工，由于长时间端坐在电脑前工作，她的肩部过度疲劳，受到损伤，引起了肩周炎。小张去医院看医生，医生告诉她，吃药仅仅能够减缓暂时的疼痛，最简单最有效的方法就是每日加强锻炼，多做肩周炎医疗操，加强肩部力量，增强体能以应对工作需要。

　　不同的职业对人有不同的体能要求，职业体能是职业能力的重要组成部分，良好的职业体能可以让身体较好地应付日常工作、余暇活动和突发事件。使用体育的形式、手段和方法，可以最大限度地保证人们适应劳动所必要的机能和运动能力得到发展和完善，从而在独立生产活动中保持良好的工作能力。

知识引领

　　每一种职业都有特定的工作姿态，在一定时间内，身体必须保持某一种姿势或重复某一种动作。长时间高强度的工作，人们容易疲劳，产生职业性疾病。了解不同职业的特点以及所需要的职业体能，熟练掌握各种职业体能的锻炼方法，养成科学锻炼、自主锻炼的习惯，有针对性地提高职业素养。

第一节　伏案办公型职业

一、职业特征及对健康的影响

伏案办公型职业人员主要是会计、文秘、行政办事员、程序员等从业人员。其职业特点是长期伏案，以坐姿、脑力劳动为主，主要是腕、指持续工作，身体活动范围小，常处于静止状态。职业对人体的影响是低头含胸、驼背、眼肌疲劳、坐骨神经受压，下肢易麻木，肩臂负担较重，腕、指腱鞘劳损，心血管机能减退等。这类职业对体能的要求相对较低，保证下肢的一般活动、手指的灵活性、眼肌的活性和肩背部分的肌肉力量所需体能即可。

这类职业从业者由于较长时间坐在室内，低头、含胸、颈前屈，脑部供血受限，眼睛高度紧张，易产生视觉模糊、视力下降及眼睛干涩、发痒、灼热、疼痛和畏光等状况，还会伴有头痛和关节痛等症状；由于长期低头坐着，下肢血液循环不良，很容易驼背、脊柱侧弯、便秘、痔疮，易产生颈椎、肩部疾病；由于长时间进行键盘操作，肌肉过度紧张，腕、鞘劳损，出现"颈、肩、腕综合征"，表现为颈痛、肩痛、腰背痛、臂痛、腕痛，指关节发僵、麻木、痉挛等；由于缺乏体力活动，若营养物质吸收过剩，易胖，随之易患"文明病"；由于缺乏室外活动，人们易患感冒等疾病，胸部肌肉和心血管机能也得不到充分发展。

二、职业从业者的锻炼方法

（一）眼保健操

1. 揉天应穴

以左右大拇指螺纹面按左右眉头下面的上眶角处，其他四指散开弯曲如弓状，支在前额上，按揉面不要太大。

2. 挤按睛明穴

以左手或右手大拇指和食指按鼻根部，先向下按，然后向上挤。

3. 按揉四白穴

先以左右食指与中指并拢，放在靠近鼻翼两侧，大拇指支撑在下颚骨凹陷处，然后放下中指，在面颊中央按揉。注意按揉面不要太大。

4. 按太阳穴轮刮眼眶

拳起四指，以左右大拇指螺纹面按住太阳穴，以左右食指第二节内侧面轮刮眼眶上下一圈，上侧从眉头开始，到眉梢为止，下面从内眼角起至外眼角止，先上后下，轮刮上下一圈。

（二）颈椎医疗操

1. 头部主动运动

站立位。以颈部为中心，头部主动屈、伸，左右侧倾、旋绕（图 5-1）。重复 3 ~ 6 组，组间歇 0.5 ~ 1 分钟，动作柔和缓慢，练习时感到局部酸痛为宜。

图 5-1　头部主动运动

2. 头部助力运动

站立位或坐位。双手交叉托枕部，头颈部向左（右）侧扭转，向左侧扭转时，右手协助扭转；向右侧扭转时，左手协助扭转（图 5-2）。重复 3 ~ 6 组，每组 6 秒。动作缓慢平稳，不要急促用力，双手托枕部时不能弯腰弓背，保持上体挺直。

3. 头部助力抗阻运动

站立位或坐位。双手交叉托颈部，屈颈时眼睛向下看，双手助力向下压，伸颈时眼睛由下向上看，双手均给予阻力。重复 3 ~ 6 组，助力下压和抗阻力时，适当用力。

图 5-2 头部助力运动

4. 双手交叉托天

站立位或坐位。双手腹前交叉，经体前上托至头顶成翻转托天，头颈后仰，眼睛看手。双手分开从两侧还原，交叉于腹前。重复 3~6 组，双手交叉托天时，上体应稍向后仰。

5. 托天按地

两腿并立，两臂自然下垂。右肘屈曲，手掌心向上提起，再翻掌向上托起，伸直手臂（图 5-3），左手臂微屈，用力下按，同时头向后仰，向上看天。左右手交替。

图 5-3 托天按地

6. 前伸探海

两腿分立，两手叉腰，头颈前伸并转向右下方，双目向前下视，似向海底窥探。左右交替。

（三）肩周炎医疗操

1. 肩部主动运动

站立位。双手交叉于胸前，掌心向外推出，还原，重复 8 次。一手叉腰，另一只手臂斜上举，以肩为中心先按顺时针方向划 16 圈，再按逆时针方向划 16 圈，然后按此方法换另一只手臂单摇。旋肩，向前旋肩 20 次，向后旋肩 20 次。动作缓慢柔和，动作幅度以感到局部有轻微酸痛为宜。

2. 肩部助力运动

站立位或坐位。患侧上肢内收，另一只手置于患侧腋下，握住肩部后侧，顺势推拉，重复 6~9 次。将患肢置于头部前上方，掌心向前，另一只手握住患肢手腕用力横向推拉，重复 6~9 次。将患肢置于背后骶部，另一只手握其肘部，横向推拉，重复 6~9 次。动作柔和缓慢有节奏。

3. 肩部抗阻运动

站立位或坐位。用患肢手握住另一只手的腕关节做屈肘、抬肘、抬肩动作。同时另一肢给以阻力，重复 6~9 次。用患肢手从背后握住另一只手手腕做屈肘、抬肘、抬肩动作，同时另一只手给以阻力，重复 6~9 次。练习时另一只手应给予患肢一定阻力，用力大小视病情而定。

4. 含胸扩胸运动

站立位或坐位。先含胸后扩胸，两臂自然下垂置于体侧，掌心向前，接着低头含胸，两臂慢慢向内同时翻掌，肩部内旋。扩胸时肩部向外旋转，双手翻掌，掌心向前，还原姿势。重复 6~9 次，伸臂的含胸扩胸练习动作缓慢柔和。

（四）驼背矫正操

1. 坐在靠椅上，双手抓住臀部后的椅面两侧，昂首挺胸，向后张肩，每次坚持 10~15 分钟，每日 3~4 次。

2. 背朝墙，距墙约 30cm，两脚开立同肩宽，两臂上举并后伸，同时仰头，手触墙面再还原，重复 10 次，每日 2~3 次。

3. 仰卧床上，全身放松，两臂自然伸直，手掌朝上，两肩后张（图 5-4），如此保持仰卧 5 分钟以上，每日 2~3 次。

图 5-4　驼背矫正操（1）

4. 站立位或坐位。双手持体操棒，横放在肩背部，挺胸抬头，感到肩背部肌肉酸胀即停，每日早晚各做一次。

5. 手扶墙压胸腰，上体尽量向前压，挺胸，塌腰，胸贴住墙（图 5-5）。

图 5-5　驼背矫正操（2）

（五）斜肩矫正操

1. 低肩一侧做单臂单杠悬垂 10~15 秒，如力量允许，可再做引体向上 8~15 次，注意低肩一侧用力。

2. 双臂单杠悬垂 10~15 秒，如还有力量可再做引体向上 8~15 次，注意两臂平衡用力。

3. 低肩一侧手持适当重量的哑铃，做前举、侧举、后举练习，每个方向 4~6 次。

4. 低肩一侧手持哑铃，先前平举，后屈臂弯举手触肩。

5. 低肩一侧手持哑铃于颈后做弯举练习，上举时掌心向后，下放时手触肩。

6. 低肩一侧手持哑铃做由低到高的耸肩练习，注意练习时两肩高低要一致。

7. 两臂伸直静撑双杠，注意两肩要平，如力量允许，可做双杠摆体臂屈伸。

8. 手持哑铃做双臂前平举、侧平举，然后徒手做前平举。

（六）脊柱侧弯矫正操

1. 俯卧向前伸单臂

在垫子或床上俯卧挺身，左手伸直全力前伸，右手后伸，同时做抬头挺胸动作。

2. 站立转体

两脚开立与肩同宽，扭转躯干，向右侧转体。完成一次体转后两臂轻置体侧，再重复上述动作（不要做另一方向的体转动作），注意双腿伸直，不要移动双脚。

3. 单臂外振

身体直立，两脚开立与肩同宽，右臂伸直，空手用力向体外侧振举到极限，用力放下到体前内侧极限，也可手持重物进行练习。

4. 持物侧上方摆动伸展

俯卧在垫子上，两手宽于肩距，持棍棒、绳子或毛巾，抬起胸部挺腹，弯曲左臂，伸直右臂用力向右侧使劲做摆振式体侧动作，并同时使上体和两臂尽力向上抬起，如持绳子或毛巾，让其绷紧，不能放松下沉。

5. 悬吊摇摆

面对单杠，双手直臂攀握悬垂身体，然后慢慢向左或向右摆动腰腿，同时顺势移动攀握单杠的双手。

6. 单杠单臂悬垂

左臂手握单杠悬垂 20~30 秒，跳下休息 1 分钟。

7. 单臂拉引橡皮筋

身体直立，两脚与肩同宽，右手握橡皮筋一端（另一端挂在固定物上），左臂侧平举，用力向身体另一侧拉引。

8．单臂上举哑铃

身体直立，两脚与肩同宽，左手持哑铃，向上举起时伸直臂，放下时屈肘，哑铃位于肩侧停止位 1 次，注意自然呼吸。

9．手拉肋木体侧屈

要求抬头，挺胸，收腹，上体不能前倾（图 5-6）。

图 5-6　手拉肋木体侧屈

10．异侧上抬

要求直膝伸直上抬腿，用力向后（图 5-7）。

图 5-7　异侧上抬

11．侧卧踢腿

向脊柱侧弯方向侧卧，踢腿时身体要正，踢腿幅度要大（图 5-8），踢后再还原。

图 5-8　侧卧踢腿

（七）手指操

1．叩击指尖

双手 10 指组成"指屋"，保持这个形态，双手 10 个指尖稍微分离，然后有节奏地同时反复相互叩击（图 5-9）。叩击指尖也许会感到疼痛，但这种瞬间的强大刺激，对大脑功能开发有益。

 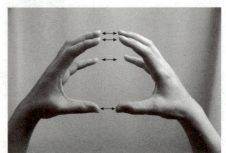

图 5-9　叩击指尖

2．手背按压

双手 10 指交叉并放于手背，然后各个手指按压位于手背的骨骼之间的穴位。先是右手手指按压左手手背的穴位，左手手腕要向上竖起，指尖向上，右手手腕在手掌处弯曲，右手指尖放在左手手背中央，接着按压手背骨骼之间的肌肉，然后再用左手手指尖，以同样的方式按压右手手背的穴位（图 5-10）。按压处稍微酸痛才有效果，有利于治疗肩酸和腰痛。

图 5-10　手背按压

3. 拇指摩擦

双手手掌相对，一对拇指指侧相互接触，相互摩擦双手拇指指侧与拇指根部的隆起部分（大鱼际）（图 5-11）。摩擦使手指产生热量才有效果。

图 5-11　拇指摩擦

4. 手腕伸展

右手掌心向上，左手掌心向下，右手在下面，双手各个手指相互交叉。左手手腕向与左手背相反的方向弯曲，右手手腕向右手背处弯曲，双手手腕交叉组成"Z"的形状（图 5-12）。如此反复操练，之后双手交换位置进行。

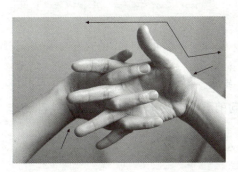
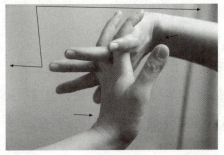

图 5-12　手腕伸展

5. "指屋"开花

双手 10 指组成"指屋",除双手拇指和小指仍然相合外,食指、中指、无名指像花开一样张开,指尖伸展,拇指和小指尽量成为圆形(图 5-13)。最后,"指屋"解开,双手相互摩擦至发热,轻轻地干梳头,干洗脸,并拍打四肢。

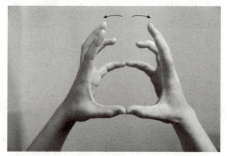

图 5-13 "指屋"开花

6. 拍掌

双手 10 指伸展,各个手指分开,然后相互用劲拍打 10 次(图 5-14)。手上的 6 条经络畅通,可以使气血调和。

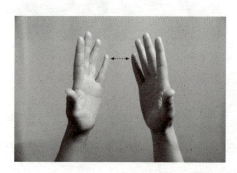

图 5-14 拍掌

(八)椅子操

1. 前屈颈椎练习

在椅子上坐直,双腿并拢,垂直落于地面。上身向前下压,与大腿完全贴服。双手向后抓住椅子后方的椅子腿,慢慢抬头向前看,然后低头放松,重复头部动作(图 5-15)。动作不能太快,保持好节奏。

图 5-15　前屈颈椎练习

2. 肋间肌拉伸练习

身体斜靠在椅背上，将外侧的腿伸直。双手在头顶交叉，掌心向上翻。将外侧伸直的腿向上抬起，放下，重复练习后换另一边（图 5-16）。注意抬头挺胸，身体充分伸直。

图 5-16　肋间肌拉伸练习

3. 身体舒展

正面端坐，后背紧靠椅背。双手抓住椅子后腿，然后仰头、挺胸、挺腰后仰，重复练习（图 5-17）。注意整个动作过程要缓慢，不要憋气，向后仰时可以用口换气。

图 5-17　身体舒展

4. 活跃练习

正面端坐，双腿并拢，双手放于膝关节上。然后站直，坐下，再站直，再坐下，重复练习。注意练习时速度越慢效果越好。

5. 前屈腰椎练习

站在椅背后，大腿紧贴椅背，然后上身向下压，双手支撑在椅座两侧下巴放于椅座上。双腿并拢，膝盖不要弯曲。用手臂的力量将身体支撑起来向前看，然后放松再次将头部放下。重复练习（图 5-18）。注意不要完全用腹部支撑身体。

图 5-18　前屈腰椎练习

6. 迎风送掌

端坐在椅子上，挺直后背。将手臂向两边打开，然后向前合掌，同时上身向前下压，贴到大腿上，重复练习（图 5-19）。注意下压时要保持抬头向前看。

图 5-19　迎风送掌

7. 收缩束腰

正面端坐，双腿并拢，垂直落于地面。将右腿膝关节向上抬，收向胸口，双手抱住小腿用力向腹部收缩，腰部用力挺直（图 5-20），每次保持 20 秒，左右交换练习。

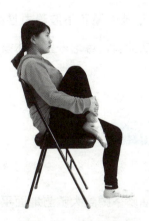

图 5-20　收缩束腰

情境运用

根据每个人的动作特点，为其选择合适的音乐，配合各种操进行练习。

83

第二节　站立流动型职业

一、职业特征及对健康的影响

站立流动型职业人员主要是导游、营业员、酒店前厅接待、空中乘务员、教师、售货员、烹饪师、护士等从业人员。其职业特点是长时间站立、行走或躬身操作，直立行走时间长，手眼不停操作，社会交往多，精神紧张，生活不规律。这类职业对人体的影响是下肢肿胀淤血，易患下肢静脉曲张、膝关节炎、髋骨和腰肌劳损、腰椎间盘突出及心血管疾病，腰腿肌肉僵直和胃下垂，人体协调机能下降，等等。

这类职业对体能的要求除下肢力量和下肢静力性耐力外，还需要腰部肌肉的力量。在平时锻炼时，这类职业从业者可练习一些形体操、健美操，从而形成合理的站立姿势与优美体态。

二、职业从业者的锻炼方法

（一）深蹲练习

把杠铃担负在颈后肩上，屈膝下蹲到大腿与地面平行或稍低，大腿和臀部用力，两脚蹬地使身体恢复到直立。

（二）弓步练习

身体直立，面对踏板，左腿屈膝成弓箭步踏踏板，右腿伸直，同时两手叉腰。还原后，交换腿连续做。

（三）提踵跳跃练习

两脚并拢站立，两膝微屈，两手叉腰，两脚前脚掌着地，原地向上纵跳，膝盖伸直。下落时，先前脚掌着地，然后全脚掌着地，再提踵起跳。

（四）仰卧起坐练习

仰卧于垫子或床上，两小腿弯曲，两脚固定，两手交叉抱于头后，腹肌收缩使额头向膝关节靠拢，还原。

（五）直腿上举练习

仰卧于垫子或床上，两手放于体侧，两腿伸直并拢，依靠腹部的力量将两腿或单腿慢慢举起，保持躯干与大腿成 120°左右的夹角，静止 5~10 秒，然后还原。

（六）疲劳放松操

1. 准备运动

立正，两臂经体侧上举，放下成平举，腹前交叉，再上举（图 5-21）。

图 5-21　准备运动

2. 下蹲运动

立正，两手叉腰，屈膝下蹲，还原（图 5-22）。

图 5-22　下蹲运动

3. 伸臂运动

立正，前平举，上举，然后侧举，还原（图 5-23）。

图 5-23　伸臂运动

4. 踢腿运动

预备双手叉腰，左腿伸直前踢，右腿伸直前踢；左腿伸直后踢，右腿伸直后踢；左腿侧踢，右腿侧踢（图 5-24）。

图 5-24　踢腿运动

5. 屈臂运动

立正，两手经体侧触肩，展臂平举，还原（图 5-25）。

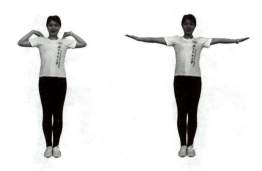

图 5-25　屈臂运动

6. 腰部运动

立正双手叉腰，体前屈，体后仰，立正左转腰，立正右转腰（图 5-26）。

图 5-26　腰部运动

7. 颈部运动

前后左右做头部运动。前两次，后两次，左两次，右两次（图 5-27）。

图 5-27　颈部运动

8. 整理运动

原地踏步，左右腿屈膝交替上抬（图5-28）。

图 5-28　整理运动

 # 第三节　运动型职业

一、职业特征及对健康的影响

运动型职业人员主要是潜水员、锻工、管工、铸造工、矿工、搬运装卸工、电焊工、农林工、环卫工、油井工等从业人员。其职业特点是全身运动性体力劳动，劳动强度大，动作复杂，蹲、弓、立姿兼有。运动型职业从业者运动器官和心肺系统负担重，易过度疲劳，大关节肌肉易受损伤，有害气体会影响心肺功能。

这类职业从业者劳动环境复杂，劳动技术性强，大脑神经紧张度高，易出现头痛、失眠等症状。在强度较大的体力劳动后，不宜进行剧烈的体育运动，可进行强度较小的体育运动，选择以放松肌肉和神经为主要目的的运动，从而使中枢神经的兴奋转移，使参与劳动的肌肉得到充分放松和休息，如慢跑、健步走、健美操、太极拳和保健气功等。体育锻炼时应适当加强各种走、左脚和右脚交换跳跃等活动，也要加强耐力素质的练习，选择田径和篮球等相关的运动项目进行锻炼。

二、职业从业者的锻炼方法

（一）保健气功练习

1. 呼吸方法

自然呼吸：人们在日常生活中所用的一般呼吸方法，并非有意地使用胸部或腹部肌肉群参与呼吸，包括胸式和腹式的混合式呼吸方法。

胸式呼吸：以肋间肌收缩活动为主而实现的，通过使胸腔内径变大或缩小而完成呼气与吸气交换的呼吸方式。由于胸腔骨骼相对固定，因而胸腔容积变动并不大。

腹式呼吸：以膈肌为主而实现的呼吸方式，胸腔上下径变化较大，膈肌的上下移动使腹内压增大或减小导致腹部产生外凸或内凹变化。腹式呼吸分为顺腹式呼吸和逆腹式呼吸。前者多见于静气功，常被初学者采纳，后者多见于动气功、导引术或太极拳、武术等功法练习。

2. 练习方法

预备式：两脚开立与肩同宽，身体自然直立，两手成圆弧形，手心向上合抱于腹前（图5-29）。

图 5-29　预备式

吸气上托式：鼻腔缓慢吸气，腹部随吸气慢慢收腹内凹，两手随吸气由两侧逐渐上托，最后合抱于头顶上方（图5-30）。随吸气及双手上举之势，感觉身体重心或"气"由脐下丹田位置出发沿脊椎逐渐上移，最终汇聚于头顶百会，头顶略有满胀感。吸气、动作、意念都在此略做停留，继而下行。

图 5-30　吸气上托式

　　呼气下按式：舌尖轻顶上颚，唇微开，空气经舌两侧向外缓慢柔和地轻轻吹出。腹部随呼气逐渐还原或略外凸，两手随呼气由身前掌心向下缓缓下按，最后落在脐下丹田部位（图 5-31）。随呼气、双手下按，感觉刚刚聚于头顶的"气"经额前印堂、口鼻、咽喉、膻中、肚脐一线归位于脐下丹田，腹部略有胀满感。呼气、动作、意念都在此略做停留，继而上行，周而复始。

图 5-31　呼气下按式

（二）障碍跑练习

1. 一手一脚支撑越过障碍

　　跑到障碍前，用右（左）手扶障碍物，以右（左）脚踏跳，左（右）脚踏上障碍物的左（右）侧，右（左）手伸直将身体支撑在障碍物上，然后右（左）腿屈膝由左（右）腿和障碍物之间越过，同时右（左）手推，左（右）脚蹬离障碍物向前跳下，左

（右）脚向前迈步，继续跑进。

2. 钻过障碍

跑到障碍物前，根据障碍物高度，可采用高姿、低姿屈身钻过，或侧身钻过障碍物，可用栏架或倒放的栏架代替（图 5-32）。

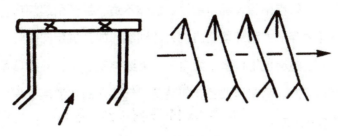

图 5-32　钻过障碍

（三）越野跑练习

根据野外不同的地形，调节自己跑进中的技术动作，如平坦的路面可按途中跑的技术要领；地面不平整，步幅要小；上坡时，身体要前倾，大腿高抬，重心前移，脚掌蹬地；下坡时，上体后仰，用全脚掌和脚后跟着地；如遇水泥道或石板硬路，动作要轻，大腿前摆稍低，脚着地时注意缓冲；过草地、河滩、沼泽时，以小步幅、快频率、轻后蹬、全脚掌着地的跑法。

第四节　高体能消耗型职业

一、职业特征及对健康的影响

高体能消耗型职业人员主要有警察、野外作业人员、路桥工程人员、铁道铺设人员、冶炼工、地质勘探人员等。其职业劳动形式与特征要求工作者需具备较高的综合体能、较强的高空平衡能力、稳定的心理素质、较高的操作能力和耐久力等。这类工作易损伤四肢肌肉，易患风湿性关节炎，易导致心理紧张、疲劳，易患消化性疾病。

这类职业是职业体能要求中最高的一类，高抬举作业需要保持长时间的肌肉收缩状态，肌肉耐力不好将导致工作效率低下，甚至出现工伤事故。室外工作时，夏天的炎热、冬天的寒冷及风霜雨雪等都可能导致机体不适，甚至引起疾病，工作者需要加强有氧能力、野外生存能力和环境适应能力的训练，如开展定向越野、野外素质拓展等。对于以灵巧为主的岗位工作者，如电工、无线电安装工，必须具备较强的注意力和良好的自我控制能力。高空作业者，如高空建筑工、高层清洁工等，必须具备良好的平衡能力及静力性耐力。

二、职业从业者的锻炼方法

（一）云梯练习

1. 引体向上

双手正握或反握，抓住云梯中间横杠，身体腾空。

2. 悬挂单手交替通过

从云梯的一端开始，双手正握横杠，双脚离地，身体腾空，以一只手抓紧横杠，另一只手迅速放开并向前抓下一个横杠，待身体平衡后，换另一只手向前抓杠，如此双手交替，以手代步前行。

3. 悬挂双手通过

从云梯的一端开始，双手正握横杠，双脚离地，身体腾空，摆动身体，借助腰腹收缩及身体运动的惯性，使身体重心向上和向前冲，同时松开双手抓向下一个横杠，待身体平衡后，重复以上动作通过云梯。

4. 臂挂通过

从云梯的一端开始，双手握杠，引体向上，松开一只手，改用上臂悬挂在杠上，然后松开另一只手，待身体平衡后，摆动身体向前，用另一只手臂悬挂下一个横杠，待身体挂稳后，松开前臂，依次通过。

5. 引体上梯和行走通过

从云梯的一端，双手正握或反握横杠，引体向上，卷身上梯，然后站立通过云梯，从云梯的一端蹲身双手握杠，卷身下梯。

（二）肋木练习

1. 攀爬翻越

手脚并用，从肋木的一侧上到顶端后，骑跨翻越，然后从另一侧交替下，也可以在上到肋木一定高度后，侧向移动，并转到肋木的另一侧。

2. 骑坐接投

骑坐在肋木顶端，用双脚钩在肋木上掌握平衡，做用双手接物或投物练习，进行平衡能力、心理适应性和身体适应能力训练。

（三）软梯练习

1. 攀爬练习

面对软梯，一手握高处横杠，另一手握稍高处横杠，屈臂收腹，同时一脚踩低端横杠，另一脚踩高处横杠，用力上提，手脚交替，爬到顶端，然后再依次倒退爬下。

2. 翻越练习

对于身体小巧的学生，可以练习在上到软梯一定高度处，从软梯钻过，从软梯另一侧上或下，对于不能钻过的同学，可练习在上到一定高度后，从软梯一边绕到另一面后，上或者下。

3. 软梯投接练习

站或坐在软梯一定高度处，用腿、臂等控制身体平衡，做用手进行接物或投物练习。

软梯广泛用于消防、逃生、救生、工程等领域，在一些特殊情况下，要求能够快速上或快速下，可开展一些计时赛，进行紧迫性训练和团队协作训练。

（四）爬杆练习

1. 上下肢攀爬

站于爬杆前，两手上举握杆，然后收腹举腿，两膝夹杆，两腿伸直，随后两手臂交替引体向上爬杆，爬到顶端身体还原成自然悬垂后再向下爬杆，连续做。

2. 上肢攀爬

站于爬杆前，一臂上举握杆，另一臂弯曲后在下额处握杆，上举臂屈臂引体，同时下面臂快速向上握杆，随后上面臂屈臂引体，连续做，到顶端后抱杆滑下。

3. 杆上投接

爬到杆上一定高处，利用单臂绕抱和双腿夹抱等方法控制身体平衡，利用另一手接物或投物，进一步练习手、臂和腿的力量。初步练习时可以双手或单手在杆上进行身体悬挂，坚持稳定一定时间，可以结合双腿夹抱，在杆上稳定一定时间。

（五）爬绳练习

1. 手脚并用爬绳

夹绳提膝屈臂引体，在练习中，有时会因腿部夹抱力度不够，在松开手后，身体从绳上掉下来，练习中要有安全意识，注意保护。

2. 手臂引体向上爬绳

身体挺直贴近绳，引至屈臂，快速移动。

由于麻绳对手掌作用力不均匀，初步练习时，很多学生的手不适应，可以先练习一段时间的抓绳悬吊，或者开展抓绳摆渡游戏来增强手的抓力、耐力和臂、腰、背肌肉的拉力。

情境运用

试着总结出爬杆、爬绳、云梯、软梯、肋木练习的技巧与方法。

Part 3

球类技能篇

第 ⑥ 章

篮球

（扫描二维码）

情境再现

　　姚明大家应该都很熟悉，他的篮球技术高超，在 NBA 火箭队期间，曾经创下连胜的比赛纪录，全中国篮球迷为之疯狂。大家还记得动漫《灌篮高手》里的樱木花道和流川枫吗？你是不是梦想成为和他们一样的篮球达人呢？为了实现自己心中的梦想，让我们一起来学习和体验篮球运动吧。

知识引领

　　篮球运动是双方球员围绕着对球的争夺和投球入篮而展开的攻守对抗。篮球运动要求球员具有高超的技巧、良好的身体素质与心理素质和较强的对抗能力。学习篮球运动的基本技术，掌握篮球运动的攻防战术，有利于丰富我们的课余生活、拓宽眼界、走进篮球的世界。

第一节　基本技术与练习方法

篮球技术是球员在比赛中为攻守目的所运用的各种专门动作的总称，是球员在比赛中运用的主要手段。篮球技术主要分为进攻技术和防守技术两类。

一、进攻技术

篮球进攻技术主要有传接球、投篮、运球、持球突破。

（一）传接球

传接球是篮球比赛中进攻队员有目的地转移球的一种方法，是进攻队员在场上相互联系和组织进攻的纽带，是比赛中运用最多的基本技术之一。

1．双手胸前传接球

持球于胸前，两肘自然下垂。两手拇指相对呈八字形，五指分开，掌心空出。双手胸前传球时，后脚蹬地，身体重心前移的同时手臂伸向传球方向，拇指用力下压，手腕前屈，食指和中指用力将球传出。（图 6-1）

图 6-1

双手胸前接球时，双手伸出迎接来球，拇指相对呈八字形，接球后，收臂缓冲来球。

2. 单手肩上传接球（以右手传球为例）

传球前，左脚向前迈出半步，向右转体将球引至右肩侧上方，肘部外展，手腕后仰，左肩对着传球方向。传球时，上体向左转动并带动肩肘，前臂快速前摆，扣腕，通过食指、中指拨球将球传出。单手肩上传球多用于远距离传球。（图 6-2）

图 6-2

单手肩上接球时，伸臂放松迎球，五指自然张开，掌心相对来球，腕、指放松接到球后顺势引球缓冲。

3. 单手背后传球（以右手传球为例）

左脚向侧前方跨步，上体前倾，侧对传球目标，双手持球后摆到身右侧时，左手迅速离开球体，右手引球继续沿髋关节横轴方向后摆至臀部的一刹那，右手向传球方向急促扣腕，食指、中指、无名指协同用力拨球将球传出。（图 6-3）

图 6-3

4. 其他形式的传接球

篮球的传接球形式多种多样，传球还可以使用双手头上传球、双手反弹传球、单手体侧传球等方式（图 6-4）；接球既可以向内线接球，也可以向外线接球，甚至跳起转身接球等（图 6-5）。

双手头上传球	双手反弹传球	单手体侧传球

图 6-4

向内线接球	向外线接球	跳起转身接球

图 6-5

5．移动的练习方法

在学习传接球、投篮、运球等技术之前，需要从移动练习开始。

（1）由基本站立姿势开始，做急停、转身、跳跃等练习。

（2）二人一组，做大弧线或小弧线交叉跑练习。

（3）二人一组，由基本站立姿势开始，一人主动做各种进攻脚步动作，另一人跟随他进行练习。

（4）从端线急起，然后急停后转身，再急起，连续进行。

（5）结合传球、投篮、运球等技术进行跨步、急停、转身、变向跑和侧身跑等脚步动作练习。

（6）从篮下端线起动，围绕罚球圈侧身跑，然后变加速跑、急停、转身，连续进行。

（7）攻转守滑步练习。从一侧跑动摸篮板，拍篮板 1~2 次，落地后变侧身跑快速到另一篮下摸篮板，拍篮板 1~2 次，返回变追防者。

（8）综合移动练习。在篮球场上，听口令或看信号起动—慢跑—快跑—急停—跨步—转身—滑步—变向跑—侧身跑—跑中起跳拍打篮板，连续进行。

6. 传接球的练习方法

（1）各种传接球练习。两人一球，面对面站立。练习双手胸前、反弹、单手胸前、肩上传接球。为了提高控制球和接困难球的能力，传球时可有意地偏左、偏右、忽高、忽低。练习单手肩上传球时，要由近到远逐渐加大传球距离。

（2）全场两人胸前传球、反弹传球上篮。两人相距 5～6m，相互胸前传球至前场，反弹传球上篮。

（3）三人三线推进上篮，两边的队员距边线约 1m，每次传球都要经过中间的人，三人胸前传球至前场，上篮。

（二）投篮

投篮是篮球运动中的关键性技术，也是篮球运动中唯一的得分手段。下面介绍几种常用的投篮方法。

1. 原地单手肩上投篮（以右手投篮为例）

右手持球于右肩上，五指自然分开，握球的后半部，手腕稍向后翻，左手扶在球的左侧下方；两腿微屈，右脚在前，投篮时两脚蹬地，同时向前上方提肘伸臂，手腕前屈，最后拇指、食指、中指协同用力将球投出。（图6-6）

图 6-6

2. 行进间单手肩上投篮（以右手投篮为例）

行进间单手肩上投篮是在比赛中切入篮下时常用的一种投篮方法。右脚向前跨一大步时接球，接着上左脚蹬地起跳，右腿屈膝上抬，同时双手举球于右肩前上方。腾空后，上体稍后仰，当接近高点时，向前上方抬肘伸臂，用手腕前屈和手指拨球的力量将球投出。（图6-7）

图 6-7

3. 行进间单手低手投篮（以右手投篮为例）

在跑动中接球或运动突破上篮时，右脚向前跨出一大步的同时接球，左脚跨第二步时用力蹬地向前上方起跳，右腿屈膝自然上提。腾空到达最高点，右手五指自然张开，掌心向上，托球的下部，右臂向前上方伸展，接近球篮时，手腕上挑、手指拨动使球向前旋转进入球篮。（图 6-8）

图 6-8

4. 投篮的练习方法

（1）原地投篮练习。正面投篮，每人一球在罚球线后站成一单行，自投自抢，依次反复练习。随后练习不同位置、不同距离和各种角度的投篮。

（2）行进间上篮练习。队员排成一路纵队站在边线处，按顺序轮流跑向篮下接传球者的传球上篮。开始练习时，队员跑的速度先慢一点，传球者传球先容易一些，反复练习各种上篮方法后，可增加练习难度。

（3）原地跳起投篮。右手投篮时可原地持球，右脚上半步跳投。练习一段时间后，可在原地向前拍一次球，迈左脚上步拿球，右脚跟上，同时屈膝，起跳投篮。

（4）传球、侧身跑、接球跳起投篮。该练习主要是练习接球时两步急停面对球篮跳投，因此要做好侧身跑、急停接球动作，为跳投做好准备。

（三）运球

运球是进攻技术中重要的基本技术，是组织全队进攻配合和突破防守的有力手段。常用的运球方法有高运球、低运球、体前变向运球和运球后转身等。

1. 高运球

高运球时，两腿微屈，上体稍前倾，眼平视，以肘关节为轴，前臂自然伸屈，球的落点在身体的侧前方，球的反弹高度在腰胸之间。（图 6-9）

图 6-9

2. 低运球

低运球时，抬头，目视前方，屈膝降重心，上体前倾，球的落点在身体侧面，手按拍球的后上方，球的反弹高度在膝腰之间。（图 6-10）

图 6-10

3. 体前变向运球

拍球的外侧改变方向，转体侧肩，脚步迅速跟上，然后换手运球。（图6-11）

图 6-11

4. 运球后转身（以左手运球为例）

左手运球后转身时，把球运到身体后侧，按拍球的左侧前上方，右脚向前跨一步，以右脚的前脚掌为轴，左脚用力蹬地后撤做后转身动作，同时左手向后拉球，然后换右手运球。（图6-12）

图 6-12

5. 运球的练习方法

（1）练习各种原地运球技术，高频率地高运球、低运球，左右手都熟练掌握。要做到眼睛不看球，提高手控球的能力。

（2）练习体前横运球，降低身体重心，把球从身体右侧至体前向左侧运，再把球拨向身体右侧。左、右侧连续不断来回运。球在体侧，前、后（推、拉）运球。

（3）练习行进间运球，体前左右手变向运球绕过障碍物。转身运球至障碍物前，运球转身向前，到另一障碍物时，换手、换方向。

（4）把体前变向、运球后转身、背后运球衔接起来在全场反复练习。

（5）一对一全场攻防练习从端线外开始，如果防守球员抢到球，把球传给进攻球员，让他再继续运球进攻，依次进行。

（四）持球突破

持球突破是篮球中攻击性很强的进攻技术。持球队员将脚步动作和运球技术完美结合，持球快速超越对手，既能直接切入篮下得分，又能打乱对方的防守部署，创造更好的攻击机会。下面介绍几种常用的突破方法。

1. 交叉步持球突破（以右脚做中枢脚为例）

突破时，左脚向左前方跨出，假做向左突破。当对手重心向左偏移时，左脚前脚掌内侧迅速蹬地，并向右侧前方迈出一大步，上体右转，左肩下压，将球引至右侧，在右脚离地前，用右手推放球于左脚尖外侧。同时，右脚用力蹬地，迅速超越对手。（图6-13）

图6-13

2. 同侧步持球突破（以左脚做中枢脚为例）

突破时，假做投篮。当防守队员重心前移时，左脚前脚掌内侧蹬地，右脚迅速向防守队员左侧跨出，上体稍右转，同时探肩，重心前移。在左脚离地前，用右手推放球于右脚外侧偏前方。同时，左脚用力蹬地，迅速超越对手。（图6-14）

图6-14

3. 持球突破的练习方法

（1）原地持球做交叉步、同侧步练习。原地向左右或前方抛球，然后运用跳步急停或跨步急停的方法接球，接着立即做突破练习。

（2）消极防守下练习。两人一组，一人做突破，一人做消极防守，并协助纠正突破动作。

二、防守技术

篮球防守技术主要包括防守无球队员和防守持球队员两种。防守移动时常采用滑步和交叉步技术。

（一）防守无球队员

防守无球队员时，选位最重要，应时刻注意人、球、篮的位置，根据球的转移随时调整防守位置、随时断球，做到近球上、远球松，人、球、区三者兼顾。

（二）防守持球队员

防守持球队员时，要随时调整好防守位置和防守距离。当对手接到球时，迅速到位防守，手脚紧密配合防守。防守善于突破的对手时，平步站立，张开双臂扩大防守面积；防守善于投球的对手时，两脚前后站立，一手上举，另一手侧举。

（三）防守的练习方法

（1）原地抢球：两人一组，面对面同时握住球，听教师哨声，然后进行抢球练习。

（2）原地打运球：两人一组，一人运球，另一人做打运球练习，然后两人交换。

（3）原地断球：3人一组，两人相距3~4m传接球，一人做纵断球或横断球练习，练习几次后交换。

（4）三人传接球，两人断球：5人一组，攻方3人站成三角形，相距4m左右，相互传球，防守球员两人站在三角形内练习断球，攻守交换轮流练习。

（5）一防二选择防守位置：3人一组，两人相距4m左右进行传接球，防守球员随球转移，练习选正确的防守位置。

（6）半场一攻一守：两人一组，进攻球员先将球传给教师，防守球员立即逼向进攻球员，进攻球员摆脱准备接球，然后教师将球传给进攻球员，进行半场一攻一守练习，然后互换。

（7）全场一攻一守：两人一组，进攻队员运球突破，防守队员利用各种防守脚步动作积极进行防守，投篮后互换。

知识窗

1891年，美国马萨诸塞州斯普林菲尔德市（春田市）基督教青年教会训练学校的体育教师詹姆斯·奈史密斯发明了现代篮球运动。

第二节　基本战术与练习方法

一、进攻战术

进攻战术可分为基础战术和全队进攻战术。

（一）基础战术

两三人配合的技术称为基础战术，下面是常用的几种。

1. 传切配合：外围队员传球后，突然起动，切至篮下，接同伴回传球投篮。如图6-15所示，4传球给5后，立刻摆脱对手向篮下切入，接5传来的球投篮。如图6-16所示，在5和6相互传球之际，4趁对手不备之时，突然空切篮下，接外围同伴的传球，然后投篮。

切入队员要根据情况掌握切入的时机，果断、快速摆脱对手，并随时注意接同伴的传球。传球队员要运用假动作吸引、牵制对手，当切入队员已摆脱对手并处于有利位置时，应及时准确把球传给他。

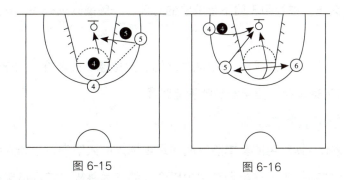

图 6-15　　　　　　　　　　图 6-16

2．突分配合：指持球队员突破后，遇到防守队员补防和协防时，及时将球传给进攻时机最佳的同伴进行攻击的一种配合方法。

突破要突然、快速，在突破过程中既要做好投篮的准备，又要随时观察场上攻守队员的位置和行动，以便抓住有利战机，及时准确地把球传给有利进攻的同伴。

3．二攻一配合：快攻到前场，出现二攻一的局面时，运球队员要果断快速地运球上篮，遇到防守队员上前阻截，再将球传给同伴投篮。

（二）全队进攻战术

全队进攻战术分为快攻和阵地进攻两种形式。

1．快攻。在抢到后场篮板球、断球、掷界外球和跳球时，迅速短传或长传给前场同伴，造成以多打少的局面。

2．阵地进攻。根据区域联防的队形，有针对性地落位，重点攻击薄弱地区，通过多传球、快传球，突破分球等打乱防守队形，寻找战机。主要战术队形有 1-3-1 和 2-1-2。

二、防守战术

防守战术同样分为基础战术和全队防守战术。

（一）基础战术

基础战术为一人和两人配合防守战术，常用的有以下几种。

1．盯人与交换盯人。在防守对手时，用挤过、穿过紧盯住对手。在对方掩护时，为瓦解对方掩护而互换对手盯人。

2. 协防与夹击。主要用于篮下有威胁的对手，一般是附近外线同伴缩回，形成二防一。

3. 一防二。防守应站在两个进攻队员之间，向持球队员做抢、截球假动作，逼对方失误，如已接近球篮时，要果断封锁投篮路线。

（二）全队防守战术

全队防守战术，其常用的基本防守战术是半场人盯人防守。半场人盯人防守是在预先确定了盯人的前提下，在半场范围内以个人防守为基础，综合运用各种防守的基础配合所组成的全队防守战术。防守的原则是以防人为主，人球兼顾，控制对手，逼近对手并干扰对手。

第七章

足球

情境再现

足球有"世界第一运动"的美誉，是全球体育界最具影响力的单项体育运动，是世界最受欢迎的运动项目之一，吸引了无数的观众，世界杯的球迷更是遍布全球。据不完全统计，经常参加比赛的足球队约 80 万支，登记注册足球运动员达到了 4000 万人，职业足球运动员达到 10 万人左右。

20 世纪 80 年代，葡萄牙马德拉岛上诞生了一名男婴，他的父亲是一名花匠，母亲是一名清洁工，就是这名男婴，在 30 年后的 2016 年，带领葡萄牙国家队获得历史上的第一个国际大赛冠军——欧洲杯冠军。他效力的皇家马德里俱乐部被国际足球联合会（FIFA）评为 20 世纪最伟大的球队。他就是克里斯蒂亚诺·罗纳尔多，简称 C 罗。截至 2017 年年底，C 罗五次被评为"世界足球先生"，五次获得金球奖，四次获得欧洲金靴奖，六次被评为欧冠最佳射手，十一次入选国际足联年度最佳阵容。他是我们一代追梦少年心中的明星，沉浸在足球的世界是我们走进偶像、靠近梦想最好的方式。

知识引领

让我们奔向那片绿茵场，练习足球的基本技术，学习比赛的基本战术，在此基础上，更加深入地了解"世界杯"这一空前的赛事，提升我们的足球素养，感受团队运动的魅力吧！

第一节　基本技术与练习方法

足球基本技术主要包括踢球、停球和运球，较高的水平技术有头顶球、掷界外球和守门员技术等。

一、踢球

踢球用于传球和射门，按身体触球的部位来分，基本踢球的方法有脚内侧踢球、脚背内侧踢球、脚背正面踢球、脚背外侧踢球。

（一）脚内侧踢球

脚内侧踢球是用脚的内侧（跖趾关节、舟骨和跟骨所构成的三角部位）接触球的一种踢球动作。其特点是脚与球的接触面积大，出球平稳且准确。但是由于踢球时踢球腿必须屈膝外展，触球点为球的中部，腿的摆幅和摆速都受到一定程度的限制，踢球力量较小，因此多用于短距离地面传球。（图 7-1）

图 7-1

（二）脚背内侧踢球

脚背内侧踢球是用脚背内侧部位接触球的一种踢球动作。其特点是踢球的力量较大，速度适中，传球稳定性高，因此多用于长传球和弧线球。（图 7-2）

图 7-2

（三）脚背正面踢球

脚背正面踢球是使用脚背的正面部位接触球的一种踢球动作。其特点是踢球力量大，球速快，出球方向比较单一，多用于射门。（图 7-3）

图 7-3

（四）脚背外侧踢球

脚背外侧踢球是用脚背外侧部位（外侧几块跖骨的背面）接触球的踢球动作。它除了具备脚背正面踢球的特点外，由于踢球时踝关节转动的灵活性和摆腿方向变化较多等，因此具备灵活性特点。不过，其传球力量较小，传球距离较短。（图 7-4）

图 7-4

（五）头顶球

根据球的运动路线、所选择的击球点、球在空中的位置，及时移动到位，身体正对来球，两脚前后或左右开立，膝关节微屈。上体稍后仰，重心放在后脚上，两臂微屈自然张开，眼睛注视来球。当球运动到身体垂直部位前的刹那，后脚用力蹬地，身体重心由后脚移向前脚的同时，迅速向前摆体，收下颌，颈部紧张，快速甩头，用前额正面顶球的后中部，上体随球继续前摆。（图7-5）

图 7-5

（六）踢球的练习方法

两人一组，一人用脚底踩球，另一人助跑上前踢球，体会支撑脚落地、踢球腿摆动的感觉以及不同触球部位带来的变化，使用身体不同部位练习踢球；三人一组，各相距8m站成三角形队形，自由使用不同部位三角踢球。

二、停球

停球是指运动员有目的地用身体的合理部位把运动中的球停在所需要的控制范围内的动作。

（一）脚内侧停球

由于脚内侧接触球的面积大，容易把球停稳，因此脚内侧停球是停球技术动作中最容易掌握的动作。同时，脚内侧停球由于便于改变停球的方向和衔接下一个动作，因此它是停球技术中运用最多的动作。用脚内侧可以停地滚球、反弹球和空中球。

（二）脚底停球

脚底停球是用脚掌和地面形成的两面夹角来停球。由于脚底接触球面积大，容易把球停稳。用脚底可以停地滚球和反弹球。

（三）脚背外侧停球

脚背外侧停球常与假动作结合起来使用，因此具有一定的隐蔽性。不过，由于其重心移动较大，因此比较难掌握。用脚背外侧可以停地滚球和反弹球。

（四）胸部停球

胸部停球的技术特点是触球点高、面积宽、接球稳定，适用于接胸部以上的高空球。面对来球，两腿自然开立，膝微屈，两臂在体侧自然抬起，上体稍后仰，与来球形成一定的角度。触球刹那，胸部主动挺送，使球触胸后向前上方弹起落于体前。（图7-6）

图 7-6

（五）停球练习方法

两人一组，相距 8m 左右，一人用手抛或脚踢地滚球，另一人用脚底、脚内侧停球；两人一组，相距 8m，用手抛球练习胸部停球，两人交换进行；分为两组，进行踢球和停球交替练习多次，踢球者把球踢进圈内，同时停球者把球停在圈外；分成两组，相距 20m 成纵队相对而立，用一球做迎面传停球练习。

情境运用

试着总结出 4 种停球方法的不同。

三、运球

（一）脚背内侧运球

脚背内侧运球最适合于变向运球，多在向里改变方向并需要用身体掩护球的情况下使用。运球跑动时，身体自然放松，上体稍前倾，并向运球方向扭转，两臂屈肘自然摆动，膝关节微屈，脚跟提起，脚尖稍外转，由脚背内侧推、拨球前进。（图 7-7）

图 7-7

（二）脚背外侧运球

由于脚背外侧运球能充分发挥跑动速度，并具有用身体掩护球的特点，因此比赛中多在快速奔跑和向外改变方向时使用。

运球跑动时，身体自然放松，上体稍前倾，两臂屈肘自然摆动，步幅适中，运球脚抬起，膝关节微屈，脚跟提起，脚尖稍内转，用脚背外侧推拨球前进。（图 7-8）

图 7-8

（三）拉球

拉球是指用脚掌将球由前向后或由左（右）向右（左）拖拉球的动作。

（四）脚背内外侧扣球

脚背内外侧扣球是运用转身和脚腕急转压扣的动作，以脚内侧或外侧部位触球，将球迅速停住或改变方向。用脚背内侧扣球的动作叫"内扣"，用脚背外侧扣球的动作叫"外扣"。

你知道不同规格比赛的足球场地的大小吗

足球比赛场地一般长 90～120m，宽 45～90m；国际比赛长 100～110m，宽 64～75m。世界杯比赛场地长 105m，宽 68m，场地各线宽度均不超过 12cm，组成各区域的线均属于该区的一部分。球门宽 7.32m，高 2.44m。

第二节　基本战术与练习方法

一、进攻战术

（一）个人进攻战术

个人进攻战术是指在足球比赛过程中，个人在服从局部和整体进攻战术基础上，为战胜对手所采取的战术。个人进攻战术主要包括传球、射门、运球突破和跑位等。

1. 传球

传球是集体配合的基础，按距离可分为短传（15m 以内）、中传（15～29m）和长传（30m 及以上）；按传球的高度可分为地滚球、低平球和高空球；按传球的方向可分为直传、斜传、横传和回传。可运用面对面原地传球（图 7-9）、跑动传球（图 7-10、7-11）等练习方法。

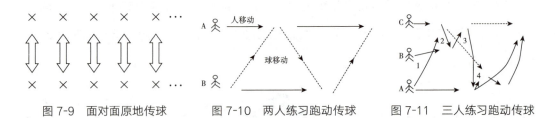

图 7-9　面对面原地传球　　　图 7-10　两人练习跑动传球　　　图 7-11　三人练习跑动传球

传球前要注意观察，预见同队队员和防守队员的意图；尽量快速、简练；要隐蔽自己的意图，出其不意，使对手防不胜防；后场少做横传或回传，特别是在雨天比赛时，更应谨慎。

2. 射门

足球比赛的最终目的是射门进球。任何进攻无论组织得如何漂亮，但没有把球射进球门，也就失去了意义。可采用图 7-12 所示的练习方法。

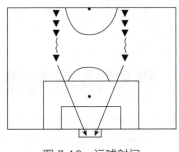

图 7-12　运球射门

首先，射门必须准确、突然、有力；其次，要利用防守失误射门；再次，制造机会射门；最后，要提高射门的应变能力。总之，当今足球比赛中，队员很少有机会在准备充分的情况下射门。因此，队员只有熟练地掌握各种射门技术，才能对临场出现的各种来球采取应变措施，以便捕捉射门机会。

3. 运球突破

运球突破可营造以多打少的局面，也为传球和射门创造更多机会。一般如下几种情况可运用此战术。

（1）控球队员几乎没有可能传球并射门时，应选择此战术以创造机会。

（2）在攻守转换时，控球队员在进攻三区的位置，面对最后防守队员且有较大空当，应选此战术攻破防守。

（3）控球队员在对手始终贴身紧逼，从而失去传球或射门角度时，应运用此战术摆脱对手，寻找进攻机会。

（4）对方制造越位战术并无更好传球选择时，应运用此战术直接攻门。

采用运球突破时，需要掌握好时机、方向和距离，当对手紧逼防守时多采用假动作过人突破、强行突破、人球分走、穿裆过人等方法。整个过程需控好并护好球，机动灵活。

4. 跑位

跑位是指在比赛的过程中，队员无球时通过跑动为自己或同伴创造进攻机会的战术。根据不同战术目的，可分为摆脱、接应、切入、牵制等，无论哪种跑位，都要掌握好跑位时机、方向和距离。

（1）摆脱：队员通过变速或变向跑动甩开对手，为自己获得接球时间和空间。

（2）接应：控球队员在被防守队员逼抢时，无球队员避开防守队员跑向控球队员为其创造传球路线，接应一般在控球队员侧方向 45°左右。

（3）切入：切入分为前切和后切，前切即在防守队员身前切入防守内线，后切即从防守队员身后切入防守内线。当控球队员有传球可能时，进攻队员快速跑向防守队员身后空当接球。

（4）牵制：当一侧进攻时，另一侧无球队员吸引并牵制防守队员，不必过早向中间跑位，以达到削弱另一侧队员进攻压力并拉开中路防守空当等目的。

（二）局部进攻战术

局部进攻战术是指在足球比赛过程中，两名或多名队员之间协调配合的战术行为。局部进攻战术主要包括传切配合、二过一战术配合和三过二战术配合等。

1. 传切配合

传切配合指控球队员向防守队员身后传球时，接应同伴越过防守队员切入后得球的行动，主要有一传一切配合（图 7-13）、长传切入配合（图 7-14）和长传转移切入配合（图 7-15）三种形式。

图 7-13　一传一切配合　　图 7-14　长传切入配合　　图 7-15　长传转移切入配合

2. 二过一战术配合

二过一战术配合指局部区域两名进攻队员通过两次以上连续传球配合，从而越过一名防守队员的战术配合，主要有踢墙式二过一配合（图 7-16）、回传反切二过一配合（图 7-17）等。

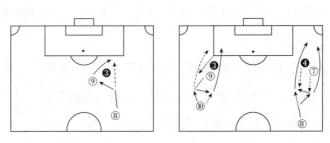

图 7-16　踢墙式二过一配合　　图 7-17　回传反切二过一配合

3. 三过二战术配合

三过二战术配合指局部区域 3 名队员通过连续两次以上传球配合越过防守队员的战术配合，主要有前三角配合（图 7-18）、后三角配合（图 7-19）、侧三角配合（图 7-20）等。

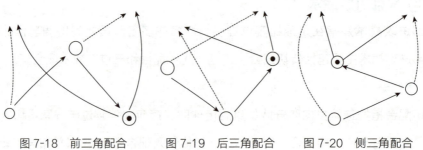

图 7-18　前三角配合　　图 7-19　后三角配合　　图 7-20　侧三角配合

注：⊙为最后一传，可以有两种传球选择。

（三）整体进攻战术

整体进攻战术指为完成进攻战术所采用全局性的进攻战术配合方法。整体进攻战术主要包括边路进攻、中路进攻等。

1. 边路进攻

边路进攻指在对方两侧区域发展的进攻。通常采用边锋或跑到边路接应的队员运球突破下底传中（图 7-21）和边锋与中锋（或前卫）配合突破传中（图 7-22）等配合方法。

 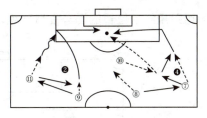

图 7-21　边路下底传中　　　　　图 7-22　突破传中

2. 中路进攻

中路进攻指在对方半场中间区域发展和结束的进攻。通常采用长传反切（图 7-23）和快速传球（图 7-24）等配合方法。

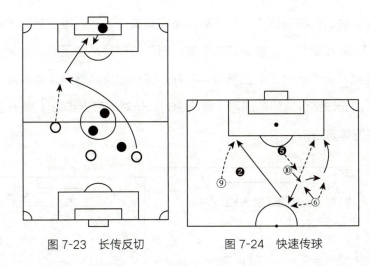

图 7-23　长传反切　　　　　图 7-24　快速传球

二、防守战术

（一）个人防守战术

个人防守战术是指为控制对手所运用的个人战术行为。足球中个人防守战术主要包括选位、盯人、抢断球等。

1. 选位

选位指防守队员根据位置职责和临场情形等，不断调整防守位置（图 7-25）。始终根据要后不要前、要中不要边、要里不要外的原则，并在选位同时做到人球兼顾。选位练习可采用结合位置的诱导性有球练习等方法。

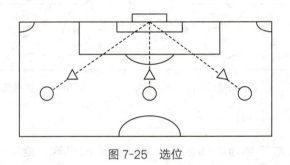

图 7-25　选位

2. 盯人

盯人指在正确选位的基础上，对防守队员实施监控以达到阻断其进攻的目的。盯人分为紧逼盯人与松动盯人，紧逼盯人指贴近对手妨碍其从容活动；松动盯人指与对手保持适当距离，便于随时上前抢断对手的球，可根据临场情形灵活运用两种战术。盯人练习可采用无球结合球门的练习（图 7-26）、一对一盯人练习（图 7-27）以及在半场内进行练习等方法。

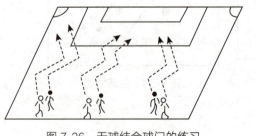

图 7-26　无球结合球门的练习

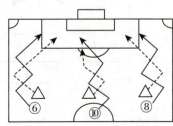

图 7-27　一对一盯人练习

3. 抢断球

抢断球分为抢球和断球。抢球是指将对方控运的球抢过来或破坏的行为。在进行抢球战术时要注意自己先站稳，不能被对方假动作所迷惑；主动采用一侧假抢一侧真抢；动作要迅速，及时控球并发动进攻，如果不成功则快速换位回防。

断球指将对方的传球从途中抢获或破坏的行为。在进行断球战术时要注意隐蔽自己的断球意图，不能一直紧逼盯防接球的队员；注意防守全局，尤其是以少防多时一定要慎重分析全局态势；断球后抓住时机、快速反击。

抢断球是个人防守能力中非常重要的能力，可采用一对一抢球练习和断球练习等方法。

（二）局部防守战术

局部防守战术是指两名或两名以上防守队员的配合行为，主要包括保护、补位和围抢这几种形式。

1. 保护

保护是指同伴在紧逼控球对手时，选择有利的位置阻止对手突破，以此保护同伴。主要有以下几种战术配合。

（1）当控球对手被同伴逼向外线且内线被封堵时，保护队员应立即撤回到同伴斜后方向位置予以保护（图7-28）。

（2）当控球对手向内线运球时，保护队员应在同伴内侧后方向位置予以保护（图7-29）。

（3）如果无法判断控球对手是被逼向内线还是外线时，保护队员宜选择与同伴成45°的位置予以保护（图7-30）。

图 7-28

图 7-29

图 7-30

2. 补位

补位指防守队员弥补同伴在防守过程中所出现漏洞时而采取相互协调配合的战术行为，主要有后卫之间补位（图 7-31）、后卫给前卫补位（图 7-32）以及给守门员补位等几种战术配合。

（1）　　　　　　　　　　　　（2）

图 7-31　后卫之间补位　　　　　　　图 7-32　后卫给前卫补位

3. 围抢

围抢指在局部区域内两名以上防守队员同时围堵，抢夺球或破坏球的战术配合。

（三）整体防守战术

整体防守战术是指全队所采取的战术配合，它主要有盯人防守、区域防守、混合防守等三种战术方法。

1. 盯人防守

盯人防守指防守队员跟随进攻队员的位置进行防守。盯人防守分为全场盯人与半场盯人。

2. 区域防守

区域防守指由攻转守时，根据场上队员位置分布，每名防守队员负责一定活动区域，当进攻队员进入该区域时，防守队员进行严密防守限制其进攻，当其离开时便不再盯防。

3. 混合防守

混合防守指盯人防守和区域防守相结合的防守配合方法。因其集中了二者防守配合优点，所以目前应用较为广泛。

第八章

排球

情境再现

你们知道中国女排"五连冠"的辉煌历史吗？五星红旗一次次升起，国歌一次次奏响，20世纪末中国女排精神极大地激励着国人为了祖国而努力工作。当时的郎平是中国女排的一员。时光流转，2015年女排世界杯决赛赛场上，中国女排力克东道主日本女排，获得第8个世界冠军，而此时的郎平已从队员的身份变为主教练。激烈精彩的扣杀、勇猛顽强的防守，无不吸引着我们徜徉在排球的世界当中。同时，排球比赛并无直接的身体对抗，它既是一项竞技运动，更像是一个有趣的集体游戏，深受各个年龄段人群的喜爱。

知识引领

当五星红旗在国际赛事的颁奖典礼上升起的时候，你是否油然而生一种自豪感？你是否曾梦想自己有朝一日也能在国际赛场上为"世界第一"的荣誉奋力拼杀？为了让这份自豪感更加真切，身为中职学生的我们要努力学习排球的基本技术和基本战术，掌握各项技战术的练习方法，体验排球运动的乐趣，培养团结协作、勇于拼搏的精神。

第一节　基本技术与练习方法

一、基本技术

排球技术主要由步法和手法组成，可分为无球技术和有球技术。无球技术（配合动作）包括准备姿势、移动等，有球技术（击球技术）包括发球、垫球、传球、扣球等。

（一）准备姿势

准备姿势根据身体重心的高低可分为稍蹲准备姿势、半蹲准备姿势和低蹲准备姿势（图 8-1）。

稍蹲准备姿势一般用于来球速度较慢、弧度较高的传球、垫球或扣球助跑前。身体重心稍高于半蹲准备姿势，两臂屈肘角度较小。

半蹲准备姿势主要运用在传球、接发球和预备拦网时，是排球比赛最基本的准备姿势。

低蹲准备姿势多用于接快速、有力的低球，便于做出防守、保护等技术动作。

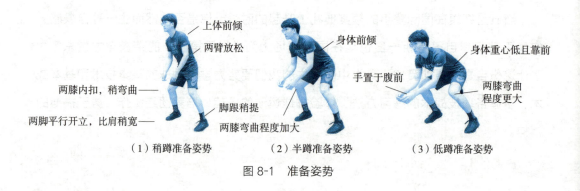

图 8-1　准备姿势

（二）移动

1. 起动

以向前起动为例，在正确准备姿势的基础上，迅速向前抬腿收腹，使上体向前探出，同时后腿迅速用力蹬地，使整个身体急速向前起动。

2. 移动步法

（1）并步与滑步。并步是短距离脚步的并列移动。两脚开立与肩同宽，两膝微屈，上体稍前倾，两手自然放松置于腹前。前脚向来球方向跨出一步，后脚迅速蹬地跟上，并做好击球前的准备姿势。滑步是连续地并步移动。当来球较远时，使用滑步移动。

（2）交叉步。交叉步是指腿部交叉移动的技术动作，动作迅速、步伐宽大、便于制动。身体稍转向来球方向，远侧脚经体前向来球方向交叉跨出一步，做好击球准备。

（3）跨步与跨跳步。跨步时，利用后腿蹬地力量，向来球方向跨出一大步，膝部弯曲，上体前倾，身体重心移至前脚上，后脚留在原处。跨跳步是在跨步的基础上，后脚向来球方向蹬离地面，有一个腾空阶段。前脚落地后，迅速屈膝，后脚及时跟上，同时降低重心，上体前倾，准备击球。

（4）后撤移动。一脚先后撤一步，然后另一脚进行交叉步移动。

3. 制动

（1）一步制动。在移动的最后跨出一大步，降低身体重心，膝部和脚尖适当内转，全脚掌横向蹬地，以抵住身体重心继续移动的惯性。同时，以腰腹力量控制上体，使身体重心的垂直线停落在脚的支撑面以内。一步制动法一般在短距离移动之后且前冲力不大时采用。

（2）两步制动。从倒数第二步开始做第一次制动，紧接着跨出最后一步做第二次制动，同时身体后倾，两膝弯曲，重心下降，双脚用力蹬地，使身体处于有利于做下一个动作的状态。一般在快速移动之后且前冲力较大时采用。

（三）发球

发球是指队员在发球区用一只手将自己抛起的球直接击入对方场区的技术动作。发球是排球的基本技术之一，也是排球比赛一项重要的进攻性技术（均以右手为例）。

1. 正面下手发球

正面下手发球是指发球队员面对球网，手臂由后下方向前摆动，在体前腹部高度击球过网的一种发球方法。其特点是动作简单，容易掌握，准确性高。但由于击球点低，球速慢，攻击性不强，适合初学者。

（1）面对球网，两脚前后开立，左脚在前，两膝弯曲，上体前倾，左手持球置于腹前［图8-2（1）］。

（2）抛球，左手将球轻轻抛起在体前右侧，球抛至离手约一球左右高度，同时右臂伸直，以肩为轴向后摆［图8-2（2）］。

（3）击球，右脚蹬地，身体重心随着右臂由后向前摆动而前移，在腹前击球的后下部［图8-2（3）］。击球后，随击球动作重心前移，迅速进场比赛［图8-2（4）（5）］。

（1）　　　　（2）　　　　　（3）　　　　　（4）　　　　　（5）

图8-2　正面下手发球

2. 侧面下手发球

基本动作与正面下手发球相同，但可借助转体力量击球，适合力量较小的初学者。

（1）左肩对网，两脚左右开立，约与肩同宽，两膝微屈，上体稍前倾，重心落在两脚之间，左手持球置于腹前。

（2）抛球左手将球平稳上抛于胸前，距身体约一臂远，球抛至离手高度约一个半球。抛球同时，右臂摆至右侧后下方。

（3）挥臂击球利用右脚蹬地向左转体的力量，带动右臂向前上方摆动，在腹前用全掌、虎口或掌根击球后下方。击球后，身体转向球网，并顺势进场比赛。

3. 正面上手发球

正面上手发球是指发球队员面对球网站立，利用收腹转体动作带动手臂加速挥动，在头的右前上方用全手掌击球过网的发球方法。

（1）面对球网，两脚自然开立，左脚在前，左手托球于体前［图8-3（1）］。

（2）左手将球平稳地抛于右肩的前上方，高度适中，同时右臂抬起，屈肘后引，肘与肩平，上体稍向右侧转动，抬头、挺胸、展腹、手掌自然张开［图8-3（2）（3）］。

（3）挥臂击球时，利用蹬地使上体向左转动，同时收腹，带动手臂向前上方快速挥动。在右肩前上方伸直手臂到最高点处，用全掌击球的后中下部。击球时，手指和手掌要张开与球吻合，手腕要迅速做推压动作，使击出的球呈上旋飞行。击球后，随着重心前移，迅速进场比赛［图8-3（4）（5）］。

（1）　　　　　（2）　　　　　（3）　　　　　（4）　　　　　（5）

图8-3　正面上手发球

（四）垫球

双手垫球的基本手型包括抱拳式、叠掌式和互靠式（图8-4），但无论哪种手型都应该注意手腕下压，两臂外翻。

抱拳式　　　　　　叠掌式　　　　　　互靠式

图8-4　垫球手型

手腕下压，两臂外翻形成一个平面，当球飞到腹前一臂距离时，两臂夹紧前伸，插到球下，蹬地抬臂，迎击来球。利用腕关节以上 10cm 左右处的桡骨内侧平面击球的后下部，身体重心随击球动作前移，击球点保持在腹前。（图 8-5）

图 8-5　垫球

（五）传球

1. 传球手型

两手张开呈半球形，手腕稍后仰，两拇指相对成"八"字形。两手间有一定的距离，用拇指、食指全部，中指的二、三指节触球的后下部，无名指和小指在球两侧辅助控制传球方向。（图 8-6）

图 8-6　传球手型

2. 传球动作

传球采用稍蹲准备姿势，手放松置于额前。当来球接近额前时，蹬地、伸膝、伸臂，手指微张从脸前向前上方迎球。传球时主要用手指、手腕的紧张用力和弹力，以及蹬地、伸臂等身体协调力量将球传出。（图 8-7）

图 8-7　传球

（六）扣球

1. 准备姿势

稍蹲姿势，两臂自然下垂，站在离网 3m 左右处，身体转向来球方向，观察来球，做好向各个方向助跑起跳的准备。

2. 助跑起跳

助跑的动作应先慢后快。如球一传出手后，就可开始缓慢轻松地移动，然后根据二传的情况逐步加快步伐以寻找起跳时机和地点。有时也可以加快助跑的节奏，以争取时间和空间。助跑的时机取决于二传传球的高度、速度以及扣球队员的个人动作特点。二传传球低时，助跑起动要早些，球高则要晚些。助跑的路线应根据传球的落点来决定。以四号位扣球为例，扣集中球时，应斜线助跑；扣一般球时，直线助跑；扣拉开球时，外绕助跑。

左脚先向前迈出一小步，接着右脚迅速跨出一大步，左脚及时并上，踏在右脚之前，在跨出最后一步的同时，两臂绕体侧向后引，左脚在并上踏地制动的过程中，两臂自后向前摆动。随着双脚蹬地向上起跳，两臂快速上摆，配合起跳。[图 8-8（1）（2）（3）]

3. 空中击球

起跳后，挺胸展腹，上体稍向右转，右臂向后上方抬起，身体呈反弓形。挥臂时，迅速转体，收腹发力，依次带动肩、肘、腕各部位成鞭打动作向前上方挥动。击球时，五指微张，以全手掌包满球，在手臂伸直的最高点的前上方，击球的后中部，同时主动用力屈腕向前推压。[图 8-8（4）（5）（6）（7）]

（1）　　　（2）　　　（3）　　　（4）　　　（5）　　　（6）　　　（7）

图 8-8　扣球

二、练习方法

（一）准备姿势与移动

1．徒手模仿练习

根据老师的讲解示范，进行各种准备姿势和移动步法的模仿练习。

2．组合练习

全体学生根据老师的手势或哨音信号做准备姿势和各种移动的练习。

3．组合球的练习

两人一组，相距 6m，一人持球，一人做准备姿势后，用各种移动步法接住来自不同距离和不同方向的来球。

（二）发球

1．抛球

每人一球，先做不离手的抛球练习，同时做引臂和摆臂击球练习（不实击），可按老师的口令集体做。离手抛球练习可以找一固定参照物自抛，要求将球平稳地向上抛出，且抛出的球不旋转，高度固定。

2．击固定球

一人持球于击球点高度，另一人击球。

3．对墙发球

距墙 6m 左右发球，逐渐将与墙的距离拉大至 9m 左右。

4．场上发接球

分两组，如人多可分多组，一组发球，另一组接发球。

5．发球比赛

分两组站立，两组同时对发球。在规定轮次中，以发球成功次数多者为胜。

（三）垫球

1．垫固定球

两人一组，一人持球于腹前，另一人用垫球动作击球。

2．单人垫球

自抛自垫或连续向上垫球。熟练后，可对墙进行垫球练习，离墙距离应由近及远。

3. 垫抛球

两人一组，一人抛球，一人垫球。难度随熟练程度逐步增加，如抛球于腹前、体侧等。

4. 对垫

两人一组连续对垫练习，距离由近及远。

5. 多人垫球

3 人或 3 人以上，采用对面站立、圆形站立等方法。

6. 发垫球

两人相距 4~6m，可隔网练习，一人发球一人垫球。

（四）传球

1. 传固定球

两人一组，一人按传球手型持球于额前，向额前上方做推送动作；另一人用单手压住球，给球一定的力量。

2. 自传

双手由胸前垂直向上抛球，球高 1m 左右，准备自传。当球下落到手中时，手指、手腕保持一定的弹性，使球轻轻地反弹起来，从而连续向上自传。

3. 对墙传球

人与墙相距 3m 左右，对准墙上的目标连续传球。

4. 两人对传

两人一组，一人抛球，另一人做好传球的手型，于前额上方接住来球，而后传出。熟练后，两人连续对传，或做前后、左右方向移动传球。

5. 背传

三人一组，纵队站列，距离适中，两边的人给中间的人传球，中间的人利用背传将球送至后方同伴，连续练习后换人到中间练习。

6. 多人传球

多人围成圈，按顺时针或逆时针方向传球。也可分为 2~4 组，在规定时间内，以落地次数少者为胜。

（五）扣球

（1）原地模仿扣球手臂挥摆和击球手法的练习。

（2）原地对墙扣球练习。

（3）原地对墙（网）自扣反弹球练习。

（4）原地扣球练习。

（5）两人一组，相距5~8m，自抛自扣，球触地反弹后下落到另一人能控制的范围内。

（6）助跑步法及起跳的练习。准备姿势后，反复徒手练习一步助跑后的起跳扣球动作。熟练后，练习两步助跑、三步助跑及跑步的扣球动作。

（7）网上扣固定球的练习。用一、二、三步慢速助跑起跳后，在网上扣固定高度的球。

（8）扣不同位置、不同性能的球。扣球人站立在3m线后的四、三、二号位，自抛自传给二传，扣不同位置、不同性能的个人战术球及集体战术球。

第二节　基本战术与练习方法

一、基本战术

（一）中一二战术

由前排三号位队员担任二传，其他五名队员都将来球垫（传）给二传队员。这种进攻配合方法是进攻战术中最基础、最简单的战术形式（图8-9）。

（二）边一二战术

它与"中一二"进攻战术相同之处是前排只有两名进攻队员，不同点是二传队员不站在三号位，而是站在二、三号位之间，将球传给三号位或四号位队员进攻（图8-10）。

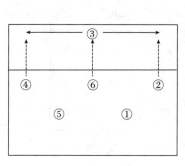

图 8-9 中一二战术　　　　　　图 8-10 边一二战术

（三）后排插上进攻战术

由站在后排的二传队员在对方发球击球后，或由本队队员将对方进攻的球防起之后，迅速插到网前担任二传，将球传给前排三个进攻队员中任何一个队员扣球进攻，其他两个队员伴做进攻掩护（图8-11）。这是现代排球先进战术的主要战术形式。

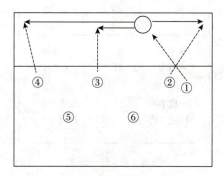

图 8-11 后排插上进攻战术

二、练习方法

（一）三三配备

场上三名攻手与三名二传手间隔站位（图8-12），使每一轮次都有传有扣。

（二）四二配备

场上有两个二传手、四个攻手（其中有两个主攻手，两个副攻手），安排在对称的位置上（图8-13）。每一轮次，前排都有一个二传队员和两个进攻队员，便于组织前排二传、传球的两点进攻和后排二传插上传球的三点进攻。

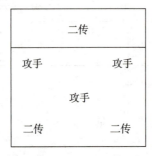
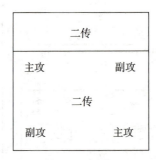

图 8-12　三三配备　　　　图 8-13　四二配备

（三）五一配备

场上一个二传队员，五个进攻队员。为了弥补有时主要二传队员来不及传球所出现的被动局面，通常在二传队员的对角位置上，配备一名有进攻能力的接应二传队员（图8-14）。二传队员在前排时采用两点进攻，在后排时采用插上传球的三点进攻。

图 8-14　五一配备

第九章

乒乓球

　　"人生能有几次搏，此时不搏，更待何时"是中国广大体育健儿的座右铭，最先说出这句话的人叫容国团。1984 年，容国团被评为中华人民共和国成立 35 年来杰出运动员之一。2009 年，容国团被评为新中国成立以来 100 位感动中国人物之一。他之所以会获得如此殊荣，事情要追溯到 1959 年，在联邦德国多特蒙德举行的第 25 届世界乒乓球锦标赛上，容国团作为中国队"硕果仅存的一颗"，充分发挥中国人小巧和灵活的优势，把 36 岁、180 磅的西多调动得气喘吁吁，并以 3：1 击败对手，夺得男单冠军，这个冠军是中国乒乓球乃至中国体育界的第一个世界冠军，这不仅使容国团成为中国有史以来的第一个世界冠军，让他的命运驶入了另一个轨道，也从此改变了乒乓球这个项目在中国体育体系中的地位，就此乒乓球开始被奉为"国球"，渐渐成了民族情感的寄托，成为国家运动的象征。

知识引领

　　健身场所随处可见的乒乓球台等待着你，掌握乒乓球的基本技战术及练习方法，感受小球运动的独特魅力，积极投入乒乓球运动中，提高我们的身体素质。

第一节　基本技术与练习方法

一、握拍法

握拍法是指单手持球拍的方法。世界上流行着直式和横式两种握拍法，两种握拍法各有千秋，实践时应因人而异，扬长避短（以右手为例）。

（一）直式握拍法

拇指第一指节和食指第二指节握拍，拍柄压住虎口（两指间距离适中）[图 9-1（1）]，中指、无名指和小指自然弯曲斜形重叠，中指第一指节顶住球拍的后上部，使球拍保持平稳 [图 9-1（2）]。

（1）正面　　　　　　　　　　（2）背面

图 9-1

（二）横式握拍法

中指、无名指和小指自然地握住拍柄，拇指在球拍正面，轻贴在中指的旁边 [图 9-2（1）]，食指自然伸直斜放于球拍的背面 [图 9-2（2）]，虎口轻微贴拍，击球时拇指和食指帮助手腕调节拍形和加力挥拍。正手攻球时，食指向上移动；反手攻球时，拇指向球拍中部移动，帮助手腕下压，加大击球力量。

（1）正面　　　　　　　　　　　（2）背面

图 9-2

二、准备姿势

击球前后，身体保持的合理姿势即为准备姿势。合理恰当的准备姿势有助于准确判断来球落点，及时移动到位，运用各种基本技术完成击球动作。两脚开立约与肩同宽，两膝微屈稍内扣，以前脚掌内侧着地，身体重心处在两脚中间，上体微前倾，下颌微收，两眼注视来球，持拍手臂自然弯曲，手腕放松，球拍自然后仰置于腹前，左手自然弯曲，抬起高于台面。准备姿势的重难点是两脚前脚掌内侧着地，屈膝提踵、放松微动。

三、发球

乒乓球比赛是从发球和接发球开始的，两者的好坏都能直接得分或失分，因此要重视（以右手为例）。

（一）正手平击发球

发球时，持球手向上将球轻抛起，同时持拍手向后引拍。球从高点下降至低于球网高度处，持拍手以肘部为轴心，前臂向右前方横摆击球。向前挥拍时，拍面前倾，击球中上部。击球后第一落点在本方球台的中部（图9-3，图9-4）。

图9-3 正手平击发球（横式握拍）

图9-4 正手平击发球（直式握拍）

（二）正手发下旋球

拍面稍后仰，引拍至身体右后上方。当球下降至低于球网高度时，前臂迅速向前下方用力摩擦球，触球的中下部。第一落点在本方球台端线附近（图9-5，图9-6）。

图 9-5　正手发下旋球（横式握拍）

图 9-6　正手发下旋球（直式握拍）

（三）正手发左侧下旋球

　　站位左半台，抛球，同时持拍手迅速向右上方引拍，身体随即向右转，手臂自右上方向左下方挥摆，球拍从球的右侧中下部向左侧面摩擦，若发左侧下旋球时，手臂自右上方向左前下方挥摆，拍从球的右侧中部向左侧下部摩擦，第一落点在本方端线附近（图9-7，图9-8）。

图 9-7　正手发左侧下旋球（横式握拍）

图 9-8　正手发左侧下旋球（直式握拍）

情境运用

　　练习、体会不同的发球方法，总结出不同方法发出的球有什么不同的特点。

四、接发球

视对方发球站位而定的接发球，站位要恰当，判断来球的旋转性能、飞行弧度，落点要准确，移动回击手法要适当。

（一）接平击发球

站位靠近球台，借助来球的反弹力，用推挡、反手直拍横打、反手拨球、正手近台快攻等动作，在来球的上升期或高点期击球，以向前用力为主略向上。

（二）接下旋球

发过来的球若球速较慢，触拍后向下反弹，可用搓球回接。注意拍面后仰以增加向前上方的发力，击球时间为来球的下降前期。也可以用拉球回接，击球时间为来球的下降前期，多向上用力，增加摩擦球的动作。

（三）接左（右）侧上旋球

采用推挡、攻球回击效果最好，接球时拍面角度要稍前倾，拍面朝向左（右）偏斜来抵消来球的左（右）侧旋，加大向前下方的用力，防止球触拍时向自己的右（左）上方反弹。

（四）接左（右）侧下旋球

一般采用搓球，接球时拍面角度要稍后仰，拍面朝向左（右）偏斜来抵消来球的左（右）侧旋，稍向上方用力，防止球触拍时向自己的右（左）下方反弹。

五、攻球

攻球从大的动作结构来讲，可分为正手攻球和反手攻球两大类。攻球杀伤力强，是快速进攻最重要的一项技术，是解决战斗的关键技术（以右手为例）。

（一）正手近台快攻

站位近台，前臂与地面略平，以前臂发力为主，拍面前倾，在来球的上升期触球中上部，以向前上方发力为主。前臂挥动要快，用力适当。球击出后，还原要迅速，放松准备下一板击球（图9-9，图9-10）。

图 9-9　正手近台快攻（横式握拍）

图 9-10　正手近台快攻（直式握拍）

（二）反手拨球

　　站位近台，右脚稍前，持拍手自然弯曲置于腹前偏左，重心偏于左脚，顺来球线路向后引拍。当球从台上弹起，持拍手由左后向右前上加速挥拍，前臂发力为主，手腕外转，拍面前倾，重心移至右脚，在来球的上升期击球的中上部（图 9-11）。

图 9-11　反手拨球（横式握拍）

（三）反手直拍横打

　　上体重心放低，左脚前，右脚后，前臂端起，自然放松。腰部左转，带动手臂引拍，前臂以及手腕内收。击球时，向右转腰，带动手臂自然迎前，在来球的上升期向前上方击球。击球瞬间，前臂以及手腕向外展，触球中上部（图 9-12）。

图 9-12　反手直拍横打（直式握拍）

六、搓球

搓球是近台还击下旋球的一种基本技术，特点是站位近，动作小，回球多在台内进行。它是初学削球必须掌握的入门技术（以右手为例）。

近台站位，右脚稍前，持拍手臂自然弯曲。击球时，用前臂和手腕向前下方用力，拍面后仰，在下降期击球中下部（图9-13，图9-14）。

图9-13　搓球（横式握拍）

图9-14　搓球（直式握拍）

七、弧圈球

弧圈球是一种攻击力强、威力大的乒乓球进攻技术，它几乎已经成为现代一流职业运动员必备的打法。

左脚在前，右脚在后，身体向右扭转，右肩略低于左肩。拉加转球，手臂自然下垂，在来球的下降期，拍面稍前倾，摩擦球的中部偏上位置，发力向上为主略带向前，以转腰带动肩、上臂、前臂和手腕发力将球击出（图9-15，图9-16）。

图9-15　弧圈球（横式握拍）

图 9-16　弧圈球（直式握拍）

知识窗

乒乓球的击球动作

（1）摆臂引拍：迎球挥拍之前，为拉开击球距离而顺着来球方向所做的摆臂动作。引拍的作用主要在于保证击球时能够更好地发力。

（2）迎球挥拍：从引拍结束到击中来球前这段过程的动作。挥拍动作的正确与否，对回球的准确性和击球的质量均有较大的影响。

（3）球拍触球：球拍与球体相触及时的动作，是整个击球动作中的核心部分。球拍触球时的击球点、击球时间、拍面角度、拍面方向、触拍部位、用力方向、发力大小等，直接决定着回球的出手角度、出球速度和旋转性质。

（4）随势挥拍：球拍触球后顺势前送的那一段动作。它有助于在击球结束阶段保证击球动作的完整性、协调性和稳定性。

（5）放松：击球过程中身体与整个击球动作的协调配合用力。击球动作完成后，随着挥拍的结束而出现的一个短暂的放松阶段，它是保证有节奏地连续击球的关键。

（6）还原：及时恢复击球前的基本姿势和基本站位，做好再次击球的准备。每次击球后都必须迅速还原，及时地还原是连续击球的重要保证。

八、练习方法

（一）基本练习

1．单线练习法

（1）右方斜线对攻。

（2）左方斜线反手拨球或直拍横打。

2．复线练习法

（1）两点打一点练习。练习者在规定的两个点上左右循环移动击球，移动步法一般采用跨步。两点设置可以是 1/2 台，也可以是全台。

（2）三点打一点规定落点练习。练习者在全台三个点上依次进行移动击球。

（3）两斜对两直结合练习。一方只打两条斜线，另一方只打两条直线。用正、反手回球，移动步法一般采用跨步。

3．多球练习

多球练习是以最大限度地控制落点，增加练习密度和难度，集中解决某一项关键技术的有效练习手段。

（二）常用组合练习方法

1．正手攻球与反手拨球的组合

（1）正手 1/2 台跑位攻。

（2）侧身正手 1/2 台跑位攻。

（3）左拨右攻（反手直拍横打正手攻）。

（4）反手拨球侧身（反手直拍横打侧身攻）。

（5）反手拨球侧身扑正手。

2．反手搓球与正手拉弧圈球的组合

（1）反手搓球侧身拉。

（2）反手搓球正手拉。

第二节　基本战术与练习方法

一、发球抢攻

运用发球抢攻时，要注意发球与抢攻的配合，所选的发球方式要与自己的技术特长密切结合。发球前，要做到心中有数，预先估计对方可能怎样回接、接到什么位置、自己如何抢攻，才不会错失机会。

（一）侧身用正手发平击球后抢攻

通常发球至对手中路偏反手底线大角，再配合正反手攻球。如对方侧身攻你反手，你可用推挡压直线，也可侧身攻直线，迫使对方扑救正手位，以便寻机抢攻。

（二）正手发转与不转球后抢攻

这是直拍选手的绝招。一般以发至对方中路或右方短球为主，配合左方长球。

知识窗

乒乓球运动起源于英国，在英语中乒乓球称为"桌上的网球"，由此可知，乒乓球是由网球发展而来。19世纪末，欧洲盛行网球运动，但由于受到场地和天气的限制，英国有些大学生便把网球运动移到室内，以餐桌为球台，书做球网，用羊皮纸做球拍，在餐桌上打来打去。

20世纪初，乒乓球运动在欧洲和亚洲蓬勃开展起来。1926年，在德国柏林举行了国际乒乓球邀请赛，后被追认为第一届世界乒乓球锦标赛，同时成立了国际乒乓球联合会。

1904年，上海一家文具店的老板王道午从日本买回10套乒乓球器材。从此，乒乓球运动传入中国。

1961年4月4日至14日在北京举办了第26届世界乒乓球锦标赛。

1988年，乒乓球第一次作为正式比赛项目出现在第24届奥运会的赛场上。至2017年，在奥运会的赛场上已经连续进行了8届乒乓球比赛。

（三）反手发右侧上、下旋球后抢攻

如果你的正、反手都有一定的进攻能力，不妨也掌握一下这种战术，以增加变化的余地。一般多发至对方中右近网或半出台落点，然后用正、反手抢攻对方反手。

二、搓攻战术

（一）先搓反手大角，再变直线

此战术主要用来对付反手不擅进攻的选手。先逼住对方反手大角，视其准备侧身攻或将注意力都放到了反手后，就变线至其正手，伺机抢攻。

（二）搓对方薄弱环节后抢攻

通常每个人都有一定的搓球能力，但不太可能每个环节的搓球都能应对自如，总会存在某些薄弱环节，比如近网短球、底线长球或者正手位的搓球较弱，即使单项环节上没有漏洞，组合环节中也一定会有相对薄弱之处，比如短球与长球交替的搓球。实战中发现对方漏洞，紧盯不放，频频搓其薄弱环节，再伺机抢攻。

三、对攻战术

尽管"前三板"是乒乓球制胜的一大法宝，但它毕竟不是万能的，还有许多球无法在"前三板"中见胜负，而必须运用对攻相持的战术。

（一）连压反手，伺机抢攻

通常用于对付反手较弱或进攻能力不强的选手，先用反手攻（快推）压住对方反手，若对方勉强侧身，可连压反手或快速变线到对方空当，伺机抢攻；若对方侧身搏杀，则可先配合变线，以达到牵制对方的目的。

（二）压反手变正手

此战术用于对付站位中台的两面拉（攻）选手。一般先用加力反手推，将对方压下去，再用减力挡将其诱上来，然后伺机扣杀。

（三）调正手压反手（调右压左）

所谓调右压左，就是先打对方正手，将其调动到正手位并被迫离台后，再打其反

手位。这种战术可用于牵制擅长侧身进攻的选手；或用在对方左半台进攻能力强，压对方反手位不占优势时；或用来对付正手位进攻能力不是很强，反手位只能近台、不擅离台的直拍快攻选手（欧洲选手现常采用此战术对付不会反手攻球的直拍快攻选手）。

（四）压中路配合压两大角

通常先用推挡或反手攻，压住对方的中路或正手，待其攻势较弱时，给对方左右两个大角，使其顾此失彼，从而占据主动。

情境运用

查阅资料，了解乒乓球运动的发展历史。

第十章

羽毛球

情境再现

李玲蔚，被世界羽坛誉为"羽坛皇后""一代羽毛球女王"；张宁，中国奥运史上第一个成功卫冕女单冠军的选手；赵剑华，20 世纪 80 年代末，世界羽坛"四大天王"之一；杨阳，被誉为世界羽坛"四大天王"中的王中王。我们应该铭记这些国人的名字，铭记他们在运动生涯中突破自我创造的辉煌，铭记他们奋力拼搏为中国羽坛绘制的靓丽画卷，铭记他们永不言弃为世界体育运动史缔造的一个又一个奇迹。我们带着对这些体育人的敬意，带着这些体育人给我们的正能量，走进羽毛球的世界。

知识引领

羽毛球运动起源于日本，诞生于英国，集竞技性、观赏性、娱乐性、便捷性、健身性于一体。随着羽毛球运动在世界范围的广泛推广，羽毛球运动的大众性也越来越凸显出来，拥有了成千上万羽毛球的爱好者和实践者。学习羽毛球的基本技战术，掌握正确的练习方法，感受这一观赏性与竞技性相结合的艺术，为羽毛球的普及锦上添花。

第一节　基本技术与练习方法

一、握拍

（一）正手握拍法

正手握拍法也称基础握拍法，几乎适用于各种打法，并适合初学者使用。在此以右手握拍为例。要领：右手虎口对准拍柄窄面内侧斜棱边上；掌心与拍柄间留有空隙；拇指和食指的内侧轻靠在拍柄两侧的宽面上，食指与拇指相对；握拍时手放松，且手腕与前臂保持一定夹角（130°～140°）；食指与中指稍分开，中指、无名指和小指自然弯曲握住拍柄（图10-1）。

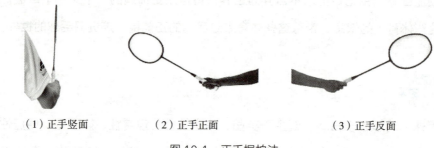

（1）正手竖面　　　　　（2）正手正面　　　　　（3）正手反面

图 10-1　正手握拍法

（二）反手握拍法

反手握拍法也称拇指握拍法，可用于反手扑球、反手防守和反手平抽球。要领：在正手握拍的基础上，拇指上提，食指回扣，用拇指顶压拍柄，拍柄稍外旋；拇指顶压拍柄时，根据个人及实战要求，可用正面压，或内侧贴压，或压在斜面上，或压在宽面上（图10-2）。

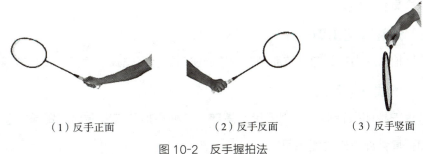

（1）反手正面　　　　　　（2）反手反面　　　　　（3）反手竖面

图 10-2　反手握拍法

（三）钳式握拍法

顾名思义，钳式握拍手法就如握钳子一样，可分为正手和反手两种。正手主要应用于正手放网和正手搓球；反手主要应用于反手放网、搓球和放球。要领：食指、中指、无名指和小拇指并拢于球拍柄下侧，拇指位于另一侧，拍头略下沉（正手，图 10-3）。食指、中指、无名指和小拇指并拢于球拍柄上侧，拇指位于拍柄下侧接面处，拍头略下沉（反手，图 10-4）。

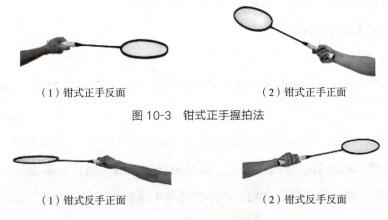

（1）钳式正手反面　　　　　　　　（2）钳式正手正面

图 10-3　钳式正手握拍法

（1）钳式反手正面　　　　　　　　（2）钳式反手反面

图 10-4　钳式反手握拍法

二、挥拍

（一）内旋挥拍击球

所谓内旋挥拍击球，就是手腕外伸后展带动球拍把手掌举起，然后顺时针旋转击球。

内旋挥拍击球可分为内旋击头顶球和正手内旋挑球，适用于正手范围击球，其中内旋击球极具杀伤力。

（二）外旋挥拍击球

外旋挥拍击球指前臂向外转动带动球拍做逆时针旋转击球，适用于反手范围击球。

（三）过顶挥拍击球

过顶挥拍也叫摆臂挥拍，用于接发高球。这种挥拍动作主要靠肩臂部力量，因此预先要加强肩臂部肌肉力量练习。

三、发球

发球是组织进攻的开始，发球质量的高低关系着比赛的主动与被动、赢球得分或失去发球权。按照发球方式，发球分为正手发球和反手发球；按照球在空中飞行的弧线，发球又可分为发网前球、发平高球和发高远球。其中，发高远球一般采用正手，其余发球方法正反手均可。无论采用何种发球方式发球，都要在把握发球时机的同时，注意发球动作的隐蔽性、突变性，落点的多样性等。

（一）发球站位与姿势

1．正手发球

站位：单打时，一般站在发球区内离前发球线1m左右的中线附近。双打时可站前一些。

姿势：左脚在前（脚尖对网），右脚在后（脚尖斜向侧方），两脚距离与肩同宽，上身自然伸直，身体重心放在右脚上，呈左肩斜对球网之势。右手握拍向右后侧举起，肘部稍屈。左手用拇指、食指、中指夹持羽毛球的中间部位，举在身前。两眼注视对方准备接球的动向［图10-5（1）］。

2．反手发球

站位：站在发球区内较靠近前发球线的位置上。

姿势：右脚在前，左脚在后，上身自然伸直，重心放在右脚上，右脚尖面对球网。左手以拇指、食指和中指捏住羽毛球置于腹前腰下。右手反手握拍，肘部略抬起使拍框下垂于左腰侧，两眼注视对方准备接球的动向［图10-5（2）］。

　　　（1）正手发球姿势　　　　　　　　　（2）反手发球姿势

图 10-5　发球站位与姿势

（二）几种基本的发球方法

1. 正手发高远球

这是一种带有攻击性的发球，弧度较大，球速较快，直落对方底线。

2. 正手发网前球

正手发网前球是正手握拍，以正拍面击球，使球轻轻擦网而过，落在对方前发球线附近的一种发球方法。其特点是飞行弧度低、距离短，可以有效地扼制对方直接有力的进攻，是一种常见的发球方法。

3. 反手发网前球

反手握拍，以反拍面击出与正手发网前短球飞行弧度一样的球为反手发网前球，其作用与正手发网前球相同。

四、击球

对于一个优秀的羽毛球运动员来说，掌握全面、正确、实用的击球技术是至关重要的。

击球技术体现在击出球的速度变化控制、球的飞行弧度变化控制、球的落点变化控制等。下面介绍几种按球的飞行弧线分类的击球技术。

（一）高远球

从场地一边的后场，以高远弧度将球击打到对方后场。

（二）平高球

从场地一边的后场，以较低的弧度将球击打到对方后场。

（三）平射球

从场地一边的后场，以较平的弧度将球击打到对方后场。

（四）平抽、挡球

击球点在击球者身体两侧或近身，把球以近乎与地面平行的弧度击打到对方场区，挥拍动作幅度较大称为抽球，挥拍动作幅度较小称为挡球。

（五）扣杀球

击球者从场地的中、后场使球快速向下近乎直线飞落至对方场区。

（六）吊球

击球者从场地的后场以较轻的力量把球以向下的弧度击落到对方近网区域。

（七）挑后场球

挑后场球又叫挑高球，在中、前场把低于球网的球向上以较高的弧度击挑到对方的后场区域。

（八）放网前球

把球从本方网前挑落至对方近网区域。

（九）扑球

在近网高处把球以快速直线向下击打到对方场区。

（十）勾对角球

在网前把球以对角路线击打到对方另一侧网前。

（十一）搓球

用拍面切击球托，使球旋转并翻滚过网落入对方场区。

情境运用

比较几种击球方法的不同和击球效果的不同特点，总结出每种击球方法运用的不同时机。

第二节 基本战术与练习方法

一、单打战术

（一）发球站位

羽毛球比赛根据规则要在适当的位置发球。一般来说，发球者的分数为 0 或双数时，双方球员均应在自己的右半区发球和接发球；当发球者的分数为单数时，双方球员均应在自己的左发球区发球和接发球。

（二）接发球站位

单打时，接发球站位又称中心守护位置，即要守住整个场地的站位，一般是位于中心线与发球线交叉处稍后一点区域，不过具体站位还需要考虑自身的特点。

等待发球时，左脚在前，重心慢慢前移，全身预先做好准备；击球手臂上举，拍头朝向球网，集中注意力判断对方发什么球。

（三）战术类型

1. 高远球压制，控制后场

通过击高远球重复压对方的底线两角，使对手陷入被动，并寻找机会反攻。运用这种战术来应对后场技术能力较差、后退步法不好又急于上网的对手较为有效。

2. 打四角球，高短结合

通过打落点，逼迫对手前后奔跑，疲于应付，并在其回球质量下降而露出破绽时给其致命一击。该战术针对移动步伐较慢、体能较差、攻防技术不全面的对手非常有效。

3. 下压攻前场，控制网前

通过后场的高远球、扣杀、劈杀、吊球等技术，先发制人，然后快速上网以搓、推、扑、勾等技术，高点控制网前，导致对方直接失误，或被动击球过网，将对手一举击败。

自己有很好的网前击球技术而对手网前技术一般时，运用此战术则较为有效。

4. 前后场快速拉吊结合

以杀球配合吊球将对方的高球下压，落点控制在两条边线附近，在对手回网前球时，迅速上网搓球、勾球或平推球，创造在中场扣杀的机会。自己具备很好的控制杀、吊球落点的能力时，运用此战术易让对手陷入被动。

二、双打战术

（一）站位

羽毛球双打比赛能最大限度地发挥两人技术的站位有四种：防守站位（并排站位）、进攻站位（一前一后站位）、防守补位和进攻补位。这里重点介绍前两种站位。

1. 防守站位

两人面对球网，并排站在中场左右两区，每人控制自己所在的半区，本着正手优于反手的原则进行击球，每次击球后要迅速回到中心位置。

优点：球员对球场的宽度有足够的控制力，尤其对抽球有很好的防守，而且利于防守后场球。

缺点：两个球员必须在整个半场前后奔波，当球打到中线位置，球拍容易相撞或漏球。

2. 进攻站位

两球员面对羽毛球网，前、后排成一列的站位方式。前场球员负责封网，后场球员负责保持对对手的下压控制，手段是杀球和吊球。

优点：能够应对对方打出的远近不同的球，也可以打出扣球和高远球等后场球，对左右两个方向的球都有很强的攻击力。

缺点：两个球员需要在半场中左右奔波，当对手把球打到两人之间时，容易发生误会和差错造成漏球。

（二）发球站位

由于双打的后发球线比单打短（短约 0.76m），发高远球容易被接发球方大力扣杀而处于被动，因此一般以发短球为主。发短球的质量、线路及弧线落点的变化在双打中尤为重要，发球者的站位不同，对发球的线路、弧线、落点等都有影响。

1. 发球者贴近前发球线和中线

这种站位适合反手发网前内角。球过网后，球托向下，不易被对方扑击。站位靠前，便于第三拍衔接封网，但不宜发平快球。

2. 发球者站位离前发球线 0.5m 左右，靠中线

这种站位对发球者来说选择较多，可以正反手发网前球、平高球，发球线路也可以有多种选择。但由于球的飞行时间长，对方有较多时间判断处理。

3. 发球者站在离中线较远处

这种站位适合在右场区以正手或在左场区以反手发平快球攻击对方双打后发球线的内角位，配合发网前外角。由于这种发球线路长，对反应慢、攻击力差的对手有一定的威胁，但对有准备的对手效果不大，且易使自己陷入被动，因此在双打中，这种发球只能作为一种变化手段。

（三）接发球站位

1. 接发内角位网前球

以扑或轻压对方两边中场及发球者身体为主要攻击点，配合网前搓、勾等其他线路。

2. 接发外角位网前球

除了接发内角位网前球攻击点外，还可以平推对方底线两角以调动对方球员到边角，使对方因防守面积变大而陷入被动。

3. 接发内角、外角后场球

以发球者为攻击点，扣杀追身球压迫对手，也可以用平高球打到对方底线两角。如果发球者在后场球发出后，后退准备接杀，这时可运用吊球技术将球吊落在发球者的对角。

（四）战术类型

1. 进攻一人战术

进攻一人战术又称二打一战术，即集中攻击对方有明显技术弱点的球员。在双打比赛中，双方两个球员的技术水准一般会有高有低，即使两位选手水平较为平均，但若能集中火力攻打其中一选手，也定会给其带来心理压力，从而使其出现破绽和失误。

2. 进攻后场战术

如果对方后场能力较差，或者把较弱一方调动到后场后，可以运用此战术。此战术多采用平推球、平高球和挑底线球把对方较弱一方逼在底线，使其回球质量不高，从而取得进攻的主动权。

3. 进攻中路战术

当对方两球员分左右站位防守时，可以运用此战术，其意图就是将球攻击到对方两人中间。如果对方是分开前后站位，进攻时可将球下压或平推至半场两边。这种战术运用得当，可以使对手在防守时因互相抢球或让球而失误。

4. 前封后攻战术

当本方处于前后站位，主动进攻时可以运用此战术。后场球员通过杀球或吊网前球，迫使对方接挡网前球，为本方前场球员创造封网扑杀球机会。而前场球员要积极进行封杀，迫使对方被动挑后场高球，为后场同伴创造杀吊机会，一旦对手挑半场高球，本方将获得直接得分的机会。此战术要求前后场进攻球员配合默契。

情境运用

与同学练习不同的双打战术，总结每种双打战术的特点，找出适合自己的战术，并说明原因。

Part 4

健身塑形篇

第十一章
体型体态的训练

什么样的体形是美的？古希腊人认为，人的标准体形的各主要部分的比例应符合黄金分割律。黄金分割律也叫"黄金比"，据说是由古希腊的哲学家毕达哥拉斯发现的。黄金分割律是一个奇妙的规律，只要符合这个规律的物体和几何图形，都使人感觉到和谐、悦目。练习者通过后天的锻炼得到科学的运动处方和练习方法，按规律锻炼，持之以恒，可塑造出健美的形体。形体美是自然美的最高形态，是一种永远新鲜、永远洋溢着生命力的最动人的美。形体美可通过形体训练来实现，而形体训练就是对人体的基本姿势，即正确的立、坐、卧和走、跑及头面部的姿态和表现的一种训练。基本姿势正确与否直接影响人各种形体训练运动行为的美与不美。人的形象美需要其外在表现和内在修养和谐统一，通过芭蕾、舞蹈、体操舒展的动作训练人体的优雅姿态，传播高雅的艺术精髓，培养人的内涵修养，使人的精神和形体之美达到统一。

练习者都希望通过形体训练改变自身的形体形态，所以得到科学的运动处方和练习方法是十分关键的。假如你是健身教练，如何安排系统训练，如何塑造出练习者健美的形体？

知识引领

在形体训练的过程中，人体基本体态会随之变化，欲塑造完美体形体态，应了解常见的体形锻炼方法，学习正确的立、坐、卧和走、跑及头面部的姿态和表现，安全科学地进行体育锻炼。

第一节　体型体态与职业需求

一、体型体态

（一）了解自身体型

1．瘦型体质：神经系统和皮肤占优势

瘦型体质的人看起来肩膀很窄，给人瘦骨嶙峋的印象，几乎没有多少皮下脂肪，肌肉也不发达。瘦型体质的人很容易出现甲状腺功能亢进，新陈代谢较快，所以他们需要消耗大量热量来维持体重。因此，为了增强体质，一方面需要经常锻炼，另一方面需要均衡摄入富含蛋白质的营养食物。瘦型体质的人很容易出现肌肉松弛，易患上脊柱病变，例如，脊柱后凸、前凸、侧凸等疾病。此外，瘦型体质的腹肌非常薄弱，较易导致内脏下垂。因此，瘦型体质人的形体训练目标在于不断增加肌肉力量，适当增加体重。

2．体育型体质：肌肉和骨骼占优势

体育型体质的人肌肉很发达，骨骼较粗大，肩宽腰细，身体强壮。他们最突出的特点是肢体的远端肌肉发达，小腿和前臂粗壮有力。体育型体质的人通常喜爱运动并善于运动，且受先天激素水平的影响，男性的肌肉发育较女性更有优势。体育型体质人的形体训练目标在于，中度训练以保持良好的体形，合理饮食以防止营养过剩。

3．肥胖型体质：消化系统占优势

肥胖型体质的人脂肪层较厚，身体外形丰满圆润，肌肉轮廓不清晰，骨骼标志不明显。骨骼不发达，四肢多呈火腿形，大腿和上臂明显比小腿和前臂粗壮。肥胖型体质的人消化系统非常发达，吸收功能旺盛，因此腰部较粗，表现为人们常说的"苹果"身材。与瘦型体质的人相比，肥胖型体质的人甲状腺功能不活跃，新陈代谢较慢，脊柱呈圆柱形，很少患背部疾病，但容易患膝关节疾病。肥胖型体质人的形体训练目标在于有规律锻炼，控制饮食摄入量。

（二）形体训练的内容

形体训练是以身体练习为基本手段，匀称和谐地发展人体，塑造体型，培养正确优美的姿态和动作，增强体质，促进人体形态更加优美的一种运动方式。形体艺术训练则是以人体科学为基础的形体动作训练，是以提高练习者形体的灵活性和艺术表现力为目的的形体技巧训练。它既注重外在美的训练，又注重内在美的陶冶。练习者在旋律优美的乐曲伴奏下，经常性地进行形体艺术训练，可使身心得到全面发展，有利于培养健美的体态和高雅的气质，使形体富有艺术魅力。

就体型而言，每个人都希望自己拥有匀称、协调、健美的体型。苗条而不纤细，丰满而不臃肿，魁梧而不单薄，灵巧而不瘦弱，这种肌肉均衡发达且身材苗条优美的外形，是所有爱美之人对于身材身形的向往和追求。形体训练内容丰富，形式多样，从运动方式来看，其训练内容可分为徒手练习、持轻器械练习、专门器械上练习三大部分。徒手练习又分为基本姿态练习、基本动作练习、把杆练习。

（三）形态美的标准

人体形态美的基本要素包括均衡、对称、对比、曲线。身体各部分要有恰当的比例；左右两侧平衡发展；躯干与四肢，上、下肢，肌肉和关节的对比须符合对比美的规律；形态曲线流畅鲜明，起伏对比恰到好处。

（1）标准体重及肥胖度。

男性标准体重（kg）＝［身高（cm）－100］×0.9

女性标准体重（kg）＝［身高（cm）－100］×0.95

肥胖度（%）＝（实际体重－标准体重）/标准体重×100%

肥胖度（%）在±10%范围内为正常，10.1%～20%为过重，超过20.1%为中度肥胖。

（2）男性以股骨大转子为中心，上下身长相等；女性以肚脐为界，上下身长比例为5∶8。

（3）男女两肩的宽度等于1/4身高。

（4）男女两臂侧举时的长度等于身高。

（5）男女大腿长等于1/4身高（女性腿长加上足高应大于1/2身高）。

（6）男性胸围约等于 1/2 身高加 5cm；女性胸围不小于 1/2 身高。

（7）男性腰围约小于胸围 18cm；女性腰围不大于 1/2 身高。

（8）男性臀围等于胸围；女性臀围大于胸围 2～3cm。

（9）男性大腿围约小于胸围 22cm；女性小腿围小于腰围 8～10cm。

（10）男性小腿围约小于大腿围 18cm；女性小腿围小于大腿围 18～20cm。

（11）男性脚踝围约小于小腿围 12cm，上臂围约等于 1/2 大腿围，前臂围约小于上臂围 5cm，颈围等于小腿围。

（四）体态美的标准

古语常说"站如松，行如风，坐如钟，卧如弓"，这是对人体姿态的基本审美要求，是由身体各部分相互配合而呈现出的外部形态的动态美。

1. 站姿

正确优美的站姿应该是头、颈、躯干和脚的纵轴在一条垂直线上，挺胸、收腹、梗颈、两臂自然下垂，形成一种优美挺拔的体态。人在站立时要挺、直、高，将脊柱的曲线美自然表现出来。

2. 行姿

在行走过程中不仅应保持正确优美的站姿，还要做到躯干移动的正直、平稳，且不僵硬呆板；两臂自然下垂前后摆动协调；膝盖正对前方，脚尖微朝外，行走落地时从脚跟过渡到前脚掌，两脚后跟几乎在一条直线上，两脚交替前移的弯曲程度不要太大，步伐稳健均匀。

3. 坐姿

上体正直，两肩自然下垂，高度相同，颈部梗直微前倾，两膝自然弯曲，大腿保持在水平部位，两脚掌均匀着地。保持挺胸、收腹的同时，注意两腿不能摆得太开、太大。

4. 卧姿

良好的卧姿能有效保护心血管及呼吸系统的工作，有助于消除人体疲劳，避免睡眠过程中身体局部受压，出现发麻甚至痉挛的现象。仰卧或右侧卧的姿势较为合适。

二、职业需求

在校学习艺术、表演、空乘、酒店管理、文秘、幼教、外贸等专业的学生更需注重自身体形体态，培养健美的形体、高雅的气质、优美的举止和良好的身体素质，兼修内在美和外在美。职业形体塑造可以从站姿、坐姿和走姿的基本动作开始训练。

（一）站姿基本动作

优美的站姿重点在于脊柱，站立应做到挺、高、直。挺，是在站立时身体各主要部位尽量舒展，挺胸抬头，下颚微收回，颈部要直，髋、膝部不要弯曲，要给人一种挺拔的感觉。

（二）坐姿基本动作

优雅的坐姿是要坐的端正、舒展、大方。人在座位时，臀部是支点，优美的坐姿取决于支点两侧的部位，腿和上体姿态，不同环境与场合坐姿也有所区别。

（三）走姿基本动作

优美的行走姿态应以胸带动肩轴摆动，提髋提膝小腿迈开，脚跟落掌脚趾推送，双眼平视背部放松。行走的美感产生于下肢的频繁运动与上肢稳定之间所形成的对比和谐，以及身体的平衡对称，行走用腰力，带有韵律感。

第二节　女子形体训练的方法

一、脚和腿的基本动作

（一）自然站立

1. 站立是最基本、最重要的姿态，亦是形态训练中最基础的内容。正确的站姿训练，可以改变练习者身体形态的原始状态，使其站立的姿态优美、端庄。

2. 动作做法：两脚跟并拢，脚尖分开 15～20cm 的距离，身体重心落在两脚之间；臀部肌肉收紧，收腹立腰，挺胸，颈部伸直，抬头并略收下颌，两臂自然下垂，手略呈圆形，表情自然。（图 11-1）

（二）开立

1. 在进行上肢练习的过程中，大多数时间需要练习者保持两腿开立的姿势，以便稳定身体的重心。开立是在自然站立的基础上，调整两脚之间的距离。

2. 动作做法：两脚向侧分开站立，两脚开度大约与肩同宽；脊背挺直，挺胸立腰，收腹提臀。注意身体的重心向上，保持双肩下沉。（图 11-2）

图 11-1　自然站立　　　　图 11-2　开立

（三）脚点地立

1. 脚点地立的各种练习，是练习者在身体重心置于单脚时，有效提高身体稳定性和控制力的一种锻炼方式，重点强调身体的有效控制和上肢基本姿态的保持。

2. 动作做法：一脚站立，另一脚向前、向侧、向后伸出，脚尖点地。注意前、后点地时须脚尖绷直、脚面朝外；侧点地时脚尖绷直、脚面朝上。

（四）芭蕾舞脚位（图 11-3）

一位脚：两脚脚跟并拢，脚尖向外侧打开，两脚呈一横线。

二位脚：两脚脚跟相对，左右分开相距一脚，脚尖向两侧打开呈一横线。

三位脚：脚尖向外侧打开，前脚外侧与后脚内侧重叠一半站立。

四位脚：两脚脚尖向外侧打开，前后平行，两脚间距离约一脚。

五位脚：两脚脚尖向外侧打开，前后平行重叠相靠。

| 一位脚 | 二位脚 | 三位脚 | 四位脚 | 五位脚 |

图 11-3 芭蕾舞脚位

二、手臂的基本动作

（一）两臂同方向的举（图 11-4）

前举：两臂前举至水平，同肩宽，掌心向下、向上或相对。

侧举：两臂向两侧抬起至水平，掌心向上、向下或向前。

上举：两臂上举至垂直部位，掌心向前或相对。

前上举：两臂向前抬起至前上 45°方向，掌心向上或向下。

前下举：两臂向前抬起至前下 45°方向，掌心向上或向下。

侧上举：两臂向各自的侧方抬起至侧上 45°方向，掌心向上或向下。

侧下举：两臂向各自的侧方抬起至侧下 45°方向，掌心向上、向下或向前。

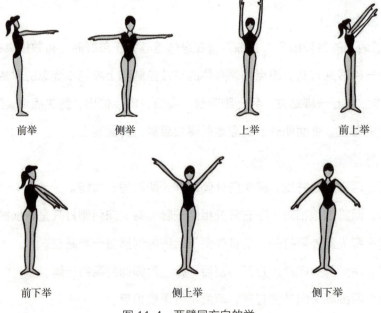

图 11-4 两臂同方向的举

（二）两臂不同方向的举

所有手臂举的动作方向要正，部位要准确，手臂必须伸直，肩部放松，身体姿势同站立动作的基本要求。（图 11-5）

一臂前举，另一臂前上举　　一臂前上举，另一臂后下举　　一臂侧上举，另一臂侧下举　　一臂后上举，另一臂前下举

图 11-5　两臂不同方向的举

（三）芭蕾手臂的基本位置（图 11-6）

一位：两臂于体前呈弧形，掌心向内，指尖相对，手臂稍离开身体。

二位：两臂保持弧形前举，稍低于水平位置，掌心向内，指尖相对。

三位：两臂保持弧形上举，位置稍偏前，掌心向内。

四位：两臂呈弧形，一臂上举，一臂前举。

五位：两臂呈弧形，一臂上举，一臂侧举。

六位：两臂呈弧形，一臂前举，一臂侧举。

七位：两臂呈弧形侧举，掌心向下。

芭蕾手臂的基本位置一定要准确，手臂始终保持弧形，手呈圆形，身体要挺拔，肩部放松，梗头，视线随手。

一位　　二位　　三位　　四位　　五位　　六位　　七位

图 11-6　芭蕾手臂的基本位置

三、形体素质练习

形体素质主要包括力量、柔韧、控制能力、耐力等，它是形体健美的重要练习内容之一。科学合理地进行形体素质练习，能提高肌肉群的力量和弹性，增强身体各部位的柔韧性，促进协调能力的发展，培养正确身体姿态的形成，并提高身体形态的控制能力。

（一）练习一

1. 预备姿势：坐撑，两臂伸直，手握于体后。

2. 动作做法：抬头挺胸，同时两臂慢慢后举至最大限度，控制 5 秒，然后上体前屈，控制 5 秒，上体抬起还原成预备姿势。

3. 要求：两臂伸直，后夹肩；体前屈时，两臂后举至最大限度。（图 11-7）

图 11-7　练习一

（二）练习二

1. 预备姿势：仰卧，两臂斜上举。

2. 动作做法：胸腰发力带动上体离地，手臂后支撑，然后上体前屈压腿，同时手臂经侧摆至举，还原成预备姿势。

3. 要求：胸腰发力时，手臂不要用力支撑；上体前压时，腹部贴近大腿。（图 11-8）

图 11-8　练习二

（三）练习三

1. 预备姿势：跪撑，两腿并拢。

2. 动作做法：重心后移，两臂前撑，然后上体向前推移，胸、腹、胯依次贴近地面成俯撑，再按原动作路线还原成预备姿势。

3. 要求：推移过程中始终保持挺胸、抬头。（图 11-9）

图 11-9 练习三

（四）练习四

1. 预备姿势：练习者俯卧，两臂后伸。帮助者分腿立于练习者膝关节两侧，双手与练习者相互拉紧。

2. 动作做法：帮助者用力拉起练习者，使其上体离开地面形成最大反背弓。控制5 秒，然后将练习者轻轻放回俯卧位置，两人互换练习。

3. 要求：练习者在动作过程中，挺胸、抬头，用力向后弯腰；帮助者在动作过程中，上体稍前倾抓住练习者手腕，并逐渐转成稍后倾，两腿直立。（图 11-10）

图 11-10 练习四

（五）练习五

1. 预备姿势：练习者仰卧，两腿并拢伸直，绷脚面，双手抓住帮助者踝部。帮助者分腿立于练习者肩两侧，两臂前举。

2. 动作做法：练习者两腿上举，触及帮助者双手。帮助者用双手轻推练习者两腿，练习者利用腹肌的控制力量使两腿轻轻落下，还原成预备姿势。两人互换练习。

3. 要求：练习者两腿要始终并拢伸直，绷脚面，利用腹肌的力量收腹举腿和落下。（图 11-11）

图 11-11　练习五

（六）练习六

1. 预备姿势：面对把杆站立，上体正直，手臂三位，一腿支撑，另一腿放在把杆上。

2. 动作做法：上体前屈下压，然后还原成预备姿势，两拍一动，重复 4 个 8 拍，在上体前屈下压至最大限度时，控制 4 个 8 拍。交换腿练习。

3. 要求：上体保持抬头、挺胸、立腰、立背的姿态，两腿伸直，压腿时腹部尽量贴近大腿。（图 11-12）

图 11-12　练习六

（七）练习七

1. 预备姿势：身体侧对把杆，上体正直，一手上举，一手侧举；一腿支撑，另一腿放在把杆上。

2. 动作做法：上体侧屈压腿，然后还原成预备姿势，两拍一动，重复 4 个 8 拍。

在上体侧屈下压至最大限度时，控制 4 个 8 拍。交换腿练习。

3. 要求：上体保持抬头、挺胸、立腰、立背的姿态，上体侧屈时，不要前倾或后倾，两腿须伸直。（图 11-13）

图 11-13　练习七

（八）练习八

1. 预备姿势：仰卧双手抱头，两腿屈膝并拢，两脚掌着地。

2. 动作做法：两腿不动，上体用力并快速向上抬起直立，然后再还原成预备姿势。

3. 要求：抬起上体时，腿部尽量放松，脚掌不要离地；上体抬起幅度要大，速度要快，胸部尽量贴到大腿（图 11-14），重复 20 次。

图 11-14　练习八

（九）练习九

1. 预备姿势：仰卧双手抱头，两腿屈膝并拢，两脚掌着地。

2. 动作做法：双手抱头，上体用力向上抬起至 45°的位置，静止不动，控制 10 秒，然后还原成预备姿势，休息片刻后进行第二次练习。

3. 要求：上体抬起时，两腿放松，不要有多余动作；上体抬起的角度不能超过 45°（图 11-15）；完成动作后，还原休息不能超过 10 秒。

图 11-15　练习九

（十）练习十

1. 预备姿势：上体后倾，两臂弯曲，两肘于体后撑地，两腿并拢伸直。

2. 动作做法：两腿并拢伸直用力向上举起，上体保持不动，缓慢将腿放下还原成预备姿势。

3. 要求：举腿时，上体不要随意用力，尽量放松保持不动。两腿上举的幅度要大，尽量超过垂直部位；两腿始终保持紧张，不能弯曲（图 11-16）。

图 11-16　练习十

第三节　男子健美训练的方法

人体美的标准：骨骼发育正常，关节不显得粗大突出；肌肉均匀发达，皮下脂肪适当；五官端正，与头部配合协调；双肩对称，三角肌宽大且圆，脊柱正视垂直，侧看弯度正常；男子有腹肌垒块隐现；臀部圆满适度；腿修长，大腿线条柔和，小腿腓

部稍突出；足弓高。

　　人的体型可以通过改善营养结构、形体练习以及各种力量训练和耐力训练而发生变化，这是因为人的运动器官具有不同程度的可塑性。经过长期的锻炼，骨骼、关节、肌肉、韧带都可以发生一定的适应性形变，特别是肌肉的变化，可以使人外部形状发生变化，从而影响人的体型。图 11-17 为人体肌肉解剖视图。

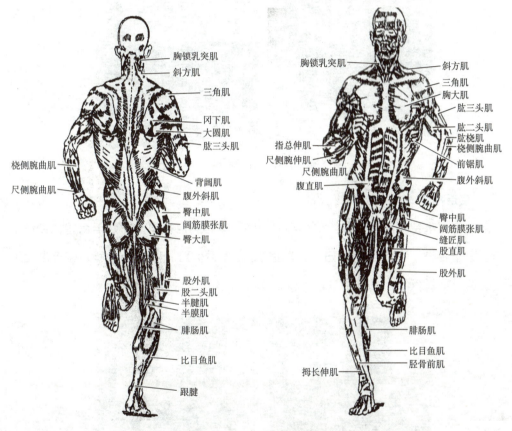

图 11-17　人体肌肉解剖视图

一、健美训练的练习动作

（一）巨石般的肩膀——肩部肌群的练习方法

1．颈前推举

两腿开立稍宽于肩，上体保持挺胸、收腹、紧腰，目视前方，两手宽握杠铃置于锁骨窝处呈预备姿势，然后尽力垂直向上举起杠铃至两臂伸直，稍停 2~3 秒，慢慢退让至预备姿势，重复练习（图 11-18）。注意上举时躯干不要摆动。

图 11-18　颈前推举

2. 颈后推举

两腿开立稍宽于肩，上体保持挺胸、收腹、紧腰，目视前方，两手宽握杠铃置于颈后呈预备姿势，然后尽力垂直向上举起杠铃至两臂伸直，稍停 2~3 秒，慢慢退让至预备姿势，重复练习（图 11-19）。注意上举时上体不要前倾。

图 11-19　颈后推举

3. 耸肩

两腿并立，正握哑铃（杠铃、拉力器），双肘垂直，提哑铃（杠铃、拉力器）于大腿前，握距比肩稍宽，挺胸塌腰呈预备姿势，然后做向上、向后耸转肩动作，再还原成预备姿势，重复练习（图 11-20）。注意练习过程中始终保持上体正直。

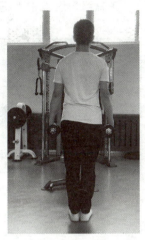

图 11-20　耸肩

4. 坐姿直臂侧上举

坐姿，上体保持挺胸、收腹、紧腰，目视前方，双手持哑铃置于肩部呈预备姿势，左右臂交替（或两臂同时）直臂上举至臂完全伸直，稍停 2~3 秒，慢慢退让至预备姿势，重复练习（图 11-21）。注意练习速度不要太快。

图 11-21　坐姿直臂侧上举

（二）斗牛般的胸廓——胸部肌群的练习方法

1. 上斜卧推

仰卧在上斜板上，双手正握杠铃，握距与肩同宽，屈臂将杠铃置于胸部上方呈预备姿势，然后双臂同时用力将杠铃推起，至额前上方双臂完全伸直，稍停 2～3 秒，慢慢退让至预备姿势，重复练习（图 11-22）。注意练习过程中上胸部主动发力。

图 11-22　上斜卧推

2. 双杠臂屈伸

两手支撑在双杠上，两臂慢慢屈肘、展体，使身体降到最低点，肘部高于肩呈预备姿势，稍停 2~3 秒，双臂用力伸直撑起身体还原，重复练习（图 11-23）。注意屈肘角度要小，肘部尽量高于肩部。

图 11-23　双杠臂屈伸

3. 下斜飞鸟

仰卧在下斜板上，两膝分开。脚踏地面，两臂微屈肘向下分开至肘部低于体侧，双手持杠铃呈预备姿势，然后胸大肌收缩，将微屈分开的手臂内收至胸上伸直，稍停

2~3 秒，原路返回成预备姿势，重复练习（图 11-24）。注意两肘打开且要低于体侧。

图 11-24　下斜飞鸟

4. 引体向上

双手正（反）握单杠，握距与肩同宽，身体自然下垂（腰部可负重）呈预备姿势，然后尽力拉引躯干至胸部，稍停 2~3 秒，慢慢下放还原，重复练习（图 11-25）。注意拉引时不要摆动身体或蹬足。

图 11-25　引体向上

（三）"V"形锥体背部——背部肌群的练习方法

1. 杠铃俯立划船

两腿开立稍宽于肩，两膝微弯，上体与腿部尽量垂直，两手宽握杠铃置于膝盖处呈预备姿势，然后尽力屈肘成 90°。将杠铃拉置腹前，稍停 2~3 秒，慢慢退让至预备姿势，重复练习（图 11-26）。注意重心尽量位于前脚掌。

图 11-26　杠铃俯立划船

2. 俯卧挺身

身体俯卧于垫子上，双手交叉（可负重）置于颈后呈预备姿势，然后尽力伸展躯干至挺胸抬头，缓慢还原，重复练习（图 11-27）。注意上体伸展时幅度不宜过大。

图 11-27　俯卧挺身

3. 负重体侧屈伸

站姿，两脚开立与肩同宽。两手持杠铃置于颈后肩上，先侧向一侧至最低点呈预备姿势，然后上体慢慢侧起呈直立姿势，稍停，向另一侧弯曲至最低点，重复练习（图 11-28）。注意体侧屈时上体不要前倾后仰。

图 11-28　负重体侧屈伸

（四）结实有力的臂膀——臂部肌群的练习方法

1. 托板弯举（平托、斜托、直托）

坐姿，上体稍前倾，一手臂伸直放在斜托（平托、直托）上，使腋窝位于斜托（平托、直托）上沿并反握哑铃伸直肘关节呈预备姿势，然后以肘关节为轴用力弯举至靠近锁骨处，稍停 2~3 秒，慢慢持哑铃还原，重复练习（图 11-29）。注意上举时上臂不要动。

图 11-29　托板弯举（斜托、平托、直托）

2. 重锤下压

两腿开立稍宽于肩并微屈，上体略含胸收腹，单侧手臂（双手）手持拉力器屈肘90°呈预备姿势，然后两手垂直向下压，直至两臂完全伸直，稍停 2~3 秒，慢慢退让至预备姿势，重复练习（如图 11-30）。注意上臂始终要紧贴体侧。

图 11-30　重锤下压

3. 反握腕弯举

坐或跪于地板上，面对长凳的横边，双手反握杠铃或哑铃，握位与肩同宽，放在长凳上，手在长凳另一侧下垂，小臂不动，弯曲手腕，将杠铃或哑铃停在不移动小臂尚能持住重量的手位，稍停 2~3 秒，慢慢将杠铃或哑铃还原，重复练习（图 11-31）。

图 11-31　反握腕弯举

4. 垂式铃旋臂

坐或跪于地板上，面对长凳的横边，单手握垂式铃，放在长凳上，手在长凳另一侧下垂，小臂外旋 90°，稍停 2~3 秒，慢慢还原至垂直于地面，然后内旋 90°，重复练习（图 11-32）。注意大臂始终不要动。

图 11-32　垂式铃旋臂

（五）雕塑般的腹部线条——腹部肌群的练习方法

1. 搁凳仰卧起坐

上体仰卧在垫子上，两小腿合脚搁在凳面上，大腿约与地面垂直，两手可以交叉在胸前或两手交叉互抱于颈后呈预备姿势，然后以上腹肌群的收缩力使上体坐起，直至肩部离地面 5~10cm，保持静止 3~4 秒，上体慢慢放下还原，重复练习（图 11-33）。注意臀部固定，避免用跳、弹的借力动作。

图 11-33　搁凳仰卧起坐

2. 罗马椅仰卧起坐

仰卧罗马椅上，使整个身体在一个平面上，两手握拳拳心向下呈预备姿势，保持静止 2~3 秒，慢慢依靠腹部力量使身体坐直，重复练习（图 11-34）。注意避免使用手扶器械等外力使上体正直。

图 11-34　罗马椅仰卧起坐

3. 坐姿屈膝举腿

坐在凳边，两手向后撑在凳上，两腿向前伸直，屈膝缩起小腿到可能的最高点，彻底收缩腹直肌 2~3 秒，然后徐徐降落小腿，直到完全伸直，重复练习（图 11-35）。注意膝部上提的高低和动作的快慢。

图 11-35　坐姿屈膝举腿

4. 仰卧举腿

仰卧在凳上或斜板上，下背部紧贴凳面，使躯干和下背部紧贴在地上，两膝稍稍弯曲，两腿向上举起直至两大腿与躯干垂直呈预备姿势，然后，小腿稍稍上举，稍停2~3秒，缓慢还原至预备姿势，重复练习（图11-36）。注意下背部避免弯曲离开垫子或斜板。

图 11-36　仰卧举腿

（六）粗壮有力的基石——臀部和腿部肌群的练习方法

1. 深蹲

肩负杠铃，两脚开立与肩同宽，两手等距颈后持杠铃，挺胸塌腰，腰背肌始终收紧，由整个身体支撑重量，然后做下蹲动作至全蹲姿势，稍停复位，重复练习（图11-37）。注意不要提臀弓腰。

图 11-37　深蹲

2. 哑铃俯卧腿弯举

俯卧长凳上，双腿夹紧哑铃，小腿悬空，双手抱凳端，两腿伸直至微屈，然后弯起小腿至最高点垂直于地面，稍停 2~3 秒，控制重量缓慢还原，重复练习（图 11-38）。注意还原时要控制好速度。

图 11- 38 哑铃俯卧腿弯举

3. 直腿俯身弯起

两腿开立稍宽于肩，两膝伸直，两手宽握杠铃置于颈后呈预备姿势，躯干慢慢地向前弯曲至上体平行或略低于水平位，再挺身起立，稍停 2~3 秒，慢慢还原至预备姿势，重复练习（图 11-39）。注意膝盖不要弯曲。

图 11-39 直腿俯身弯起

4. 站立负重举踵

两脚开立或并立，两脚前掌站在 10cm 左右的垫木上，两手持杠铃置于颈后呈预备姿势，然后用小腿三角肌的收缩力，使脚跟提起至最高位置，稍停后缓慢下落至最低点，重复练习（图 11-40）。注意不要屈膝。

图 11-40　站立负重举踵

二、健美训练计划的制订

当你准备健美训练时，就应该依据训练原则，制订一个科学、系统、合理的计划。一个完美的健美计划应包括以下几个方面：

1. 每周安排几次训练；

2. 每次训练要锻炼几个部位的肌肉；

3. 每个部位做几个动作；

4. 每个动作练多少组；

5. 每组练多少次，组间间隔多少秒；

6. 每次训练的各部位肌肉练习的总组数；

7. 每次训练的综合组数。

从参加训练开始到进入高级水平，一般人要经过四个阶段（初级阶段 3 个月内，过渡阶段 3~6 个月，中级阶段 6 个月 ~1 年，高级阶段 1 年以上）。

第十二章

大众健美操

情境再现

"跟着我，左手，右手一个慢动作，右手左手慢动作重播。这首歌，给你快乐，你有没有爱上我……"还记得这首家喻户晓的歌曲吗？歌词朗朗上口，三个男孩跟着旋律活力跳动，向我们展示了青春年华旺盛的生命力。但是很多中职学生不能按照音乐节奏做出标准的舞蹈动作，并且缺乏力度、协调性和韵律感。如何提高自己的动作能力呢？通过练习大众健美操，可以提高自己的动作能力，再接触流行歌舞的时候，就能以最快的速度做出完美的舞蹈动作了。大众健美操是 20 世纪 70 年代末发展起来的一项新兴的体育运动项目。健美操运动起源于传统的有氧健身操，它体现了人在力量、柔韧性、协调性、节奏感、审美及表现力等诸多方面的综合能力，是一项集普及性、娱乐性和观赏性为一体的运动项目。

经常参加大众健美操锻炼，对心肺功能的锻炼效果非常好，对减脂和改善体型也很有帮助。健美操区别于其他有氧运动的特点是动作优美、变化多样，因此对身体协调性的锻炼效果突出。除此之外，这样一项充满"美"的运动项目还可以发展练习者的协调性和韵律感，提高练习者认识美、鉴赏美的能力，缓解练习者的精神压力，娱乐身心，增强人们之间的社会交往。

知识引领

在大众健美操训练当中，在学习完整成套动作前，需进行基本形态、手臂动作、手型动作、步伐动作的基础分解练习，了解动作与音乐的节拍配合，融入丰富的情感，高效有序地进行锻炼。

第一节　大众健美操的基本动作

一、大众健美操的基本特征

（一）身体节奏性特点

大众健美操在动作过程中始终保持明确的动作节奏，通过关节弹动完成多样步伐动作，身体节奏性的弹动是动作连续流畅完成的基本前提，节奏感与韵律感协调一致。

（二）身体姿态控制特点

大众健美操动作是建立在正确的身体姿态上的，即使动作变换，步伐复杂多变，但整套动作的身体姿态也不能破坏；通过对身体姿态的控制来体现动作的速度、幅度等，展现大众健美操的动作特点。

（三）身体协调性

大众健美操运动为全身运动，身体的关节肌肉群都要参与，动作速度越快，变化的过程就需更加流畅，因此对于身体协调性要求就越高。肌肉紧张松弛交替，与动作节奏和谐配合，体现了身体的协调性。

二、大众健美操的基本动作

（一）常用手型

大众健美操有多种手型，它们是从爵士舞、芭蕾舞、西班牙舞等舞种中吸取与发展的，手型的选用可以美化手臂动作，使动作更加丰富，常见的几种手型动作如表12-1所示。

表 12-1　常见的几种手型动作

图	解释
	开掌：五指用力伸直并张开。
	并掌：五指伸直并拢。
	立掌：手指用力上屈，五指微弯曲（五指关节屈成鹰爪式）。
	西班牙舞掌：五指分开，小指内旋，拇指内收。
	拳掌：握实拳。

（二）手臂动作

举：以肩为轴，手臂伸直向某方向抬起。

屈臂：前臂与上臂的角度不断减小。

伸臂：前臂与上臂的角度不断增大。

摆动：以肩为轴，手臂在 180°以内的范围同时或依次运动。

上提：直臂或屈臂由下举提至胸前或体侧。

下拉：屈臂或直臂由上举或侧上举拉至胸前或体侧。

推：手掌由肩侧同时或依次推至某位置。

冲拳：屈臂握拳从腰间冲至某位置。

振：肩、胸、肘关节小幅度快速做振动式的屈伸。

绕、绕环：以肩为轴，手臂在 180°～360°的运动为绕，大于 360°的圆周运动为绕环。

交叉：两臂重叠呈 X 形。

（三）躯干动作

含胸：两肩内含，胸廓内收。

展胸：挺胸外展。

振胸：胸部急速做内含外展的弹性动作。

腰屈：指下肢固定，上体做体前、体侧、体后屈。

转腰：指下肢固定，上体沿垂直轴做扭转动作。

顶髋：指一侧腿支撑并伸直，另一侧腿屈膝，将膝关节急速水平顶出，上体保持直立。

提髋：指髋关节做急速向一侧上提。

摆髋：指髋关节做钟摆式的移动动作。

髋的绕或绕环：指髋关节做弧线或圆形移动动作。

（四）基本步伐动作

基本步伐是健美操最为基础的组成部分，根据人体运动时对地面的冲击力大小，可分为无冲击力步伐、低冲击力步伐和高冲击力步伐。

1. 无冲击力步伐（图 12-1）

图 12-1　无冲击力步伐

2. 低冲击力步伐

（1）交替类。两脚始终依次抬起，依次落地。下落时，踝、膝、髋关节依次有弹性地缓冲（图 12-2）。

图 12-2　交替类低冲击力步伐

（2）点地类。重心始终在支撑腿上，支撑腿的膝盖要有弹性地屈伸，动力腿尽量远伸，腰腹保持稳定（图12-3）。

脚跟前点地　　　　　脚尖前点地　　　　脚尖侧点地　　　　脚尖后点地

图12-3　点地类低冲击力步伐

（3）迈步类。一脚先迈出一步，同时移重心，另一条腿做点地、抬腿、屈腿、踢腿等动作。这类动作应注意重心之间的转换和跟进，支撑腿始终有弹性（图12-4）。

并步　　　　　　　　　　　　　　　　　迈步点地

迈步后屈腿

前平举

上举

侧平举

45° 出脚

脚前掌
点地

侧交叉步

图 12-4 迈步类低冲击力步伐

（4）抬起类。一腿站立，另一腿以直腿或屈腿形式向上抬起。这类动作要求支撑腿有控制地屈膝弹动，同时收腹、立腰（图 12-5）。

保持
正直

要有控制，高
度因人而异

微屈
缓冲

不要
强直

脚跟不
能离地

向侧
摆腿

保持
稳定

向侧摆腿

踢腿高度
因人而异，
建议不超
过水平

斜前

踢腿

摆腿

左右摆动

保持正直

抬至水平位

自然下垂

保持屈膝
弹动

自然放松

还原

屈膝
缓冲

吸腿

189

图 12-5　抬起类低冲击力步伐

3. 高冲击力步伐

（1）双腿起跳类。两脚起跳、两脚落地的动作。两腿动作基本一致，两脚需要腾起一定高度，落地时注意屈膝缓冲（图 12-6）。

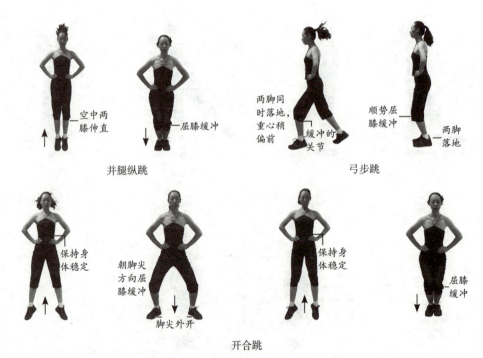

图 12-6　双腿起跳类高冲击力步伐

（2）单腿起跳类。先抬起一条腿，另一条腿做跳起的动作（图12-7）。

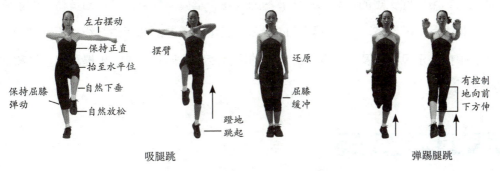

图 12-7　单腿起跳类高冲击力步伐

（3）跑步类。两腿依次蹬地离开地面，腾空后依次落地缓冲，落地缓冲时，脚跟尽量落地（图12-8）。

图 12-8　跑步类高冲击力步伐

第二节　大众健美操的锻炼套路

在进行形体健美操训练时，根据练习者的自身需要，既可以将基础和提高组合套路中的任一动作进行反复多次的训练，也可以将几个动作连贯起来进行多次反复训练，当然还可以直接将组合套路的整套动作进行反复练习。与此同时，练习者可以通过对练习时间长短的控制和动作节奏的改变，掌握适合自己的运动负荷，即锻炼的时间和强度。随着练习者运动素养的提高，还可以通过改变运动路线、手臂的配合动作、更换音乐风格以及通过几个练习者的配合变化队形等，进一步提高观赏性和实效性。

一、基本动作组合练习

（一）节奏、姿态、基本技术的综合练习

下面 3 个组合运用了弹动、弓步、半蹲、左右移重心、迈步侧点地、踏步、走步、点地类动作，以及手臂的屈伸、不同方位举、推、摆动、冲拳、绕、绕环等常用手臂动作，重点训练身体基本姿态、手臂控制能力、弹动基本技术、重心的移动和节奏感。开始练习时，每个 8 拍的动作可以重复 2~4 遍，然后逐渐过渡到右左的组合练习模式，最后再将 3 个组合串联起来练习。

1. A 组

（1）原地站立，1~2 拍胸前击掌一次，3~4 拍双手击髋一次，5~8 拍重复 1~4 拍动作。

（2）提踵，手臂动作同上。

（3）膝弹动，一拍击掌，一拍击髋。

（4）膝踝髋弹动，1~2 拍两臂前举，3~4 拍放于体侧，5~8 拍重复。

2. B 组

（1）1~2 拍右弓步一次，右臂侧举，左臂上提至胸前平屈。3~4 拍左弓步右臂屈臂至肩侧屈，左臂伸臂至侧举。5~6 拍右弓步右手叉腰，左臂向右侧上举。7~8 拍左弓步，双手叉腰。

（2）右、左脚依次迈步侧点地四次，1~4 拍侧前方冲拳两次，5~8 拍侧上方冲拳两次。

（3）下肢动作不变，1~4 拍左臂、右臂依次向后绕环，5~8 拍两臂经体前交叉同时向后绕环两次。

（4）1~4拍原地两次半蹲，两手叉腰。5~8拍原地两次半蹲，5拍右臂侧上举、左臂侧下举，7拍相反方向，6拍和8拍两臂位于体侧。

3. C组

（1）1~4拍右脚开始踏步4拍，两臂前后依次摆动。5~8拍右、左脚依次脚尖前点地2次，5~6拍左臂伸屈臂，7~8拍右臂伸屈臂。

（2）1~4拍右脚开始踏步4拍，两臂前后依次摆动。5~8拍右、左脚依次脚跟前点地1次，5拍两臂侧上举，6拍胸前交叉，7拍两臂侧下举，8拍还原体侧。

（3）1~4拍摆臂，右脚开始向前走四步，5~8拍右、左脚依次脚尖侧点地2次，5拍、7拍扩胸同时两臂肩侧屈，6拍、8拍含胸同时两臂收回胸前。

（4）1~4拍摆臂，右脚向后走四步，5~8拍右、左脚依次脚尖后点地2次，同时双手胸前平推。

（二）高、低冲击力组合练习

1. 低冲击力动作组合（表12-2）

表12-2　低冲击力动作组合

节拍		下肢动作	上肢动作
1	1~4	右脚开始向右、向左做迈步后屈两次。	1~2拍右臂摆至侧平举，左臂摆至胸前平屈，3~4拍同1~2拍，但方向相反。
	5~8	右脚"V"字步1次。	双手叉腰。
2	1~8	右脚开始向右、向左做并步四次，2拍右转90°，6拍左转90°，呈L形。	双臂屈臂胸前提拉四次。
3	1~8	右脚开始向右、向左做交叉两次。	1拍、3拍侧举，2拍头顶交叉，4拍腹前交叉，5~8拍同1~4拍。
4	1~4	右转45°，右脚迈步吸腿一次。	右臂1拍、3拍侧举，2拍右手触左膝，4拍体侧还原，左臂始终放体侧。
	5~8	左腿漫步一次。	5~6拍双臂肩侧屈，7~8拍侧下举。

左脚动作同右脚动作，方向相反

2．高低冲击力动作组合（表12-3）

表12-3　高低冲击力动作组合

节拍		下肢动作	上肢动作
1	1～4	右脚开始十字步一次。	屈臂自然摆动。
	5～6	右脚开始原地踏两步。	屈臂自然摆动。
	7～8	原地并腿纵跳两次。	双臂提前振动两次。
2	1～4	右脚右后45°并步一次，左脚左后45°并步一次。	1拍、3拍双臂侧举，2拍、4拍胸前击掌。
	5～8	开合跳一次，两拍一动。	5～6拍侧平举，7～8拍还原体侧。
3	1～2	左脚右前45°，漫步一次。	左臂屈指侧前举。
	3～4	左脚向左恰恰步一次。	侧平举。
	5～8	同1～4拍，方向相反。	同1～4拍，方向相反。
4	1～4	左腿吸腿两次，1～2拍内转膝吸，3～4拍外展吸。	1拍左臂直臂侧上举，2拍向内侧绕至腹前交叉，3～4拍原路返回。
	5～8	右腿摆腿跳一次。	5拍左臂侧上举，右臂侧下举，6拍左臂前下举，右臂侧上举，7～8拍同5～6拍。

左脚动作同右脚动作，方向相反

二、套路动作组合练习

普通高校健美操课多选用第三套《全国健美操大众锻炼标准》作为主体教材，现行的第三套动作于2009年颁布，其中一级为入门，二级和三级套路为初级套路，四级和五级为中级套路，六级为高级套路。在课堂学习的基础上可搜索第三套规定动作二级套路的技术视频，作为课下学习和复习的资料。

三、伸展组合练习

通常，热身阶段多采用动态伸展，放松阶段多采用静态伸展。在套路练习之后要尽快进行拉伸放松，缓解肌肉紧张（图12-9）。

图 12-9　伸展组合动作

情境运用

　　如果学校体育文化节需要编排一套大众健美操进行展演、比赛。你如何利用所学的有关知识编排动作呢？依照大众健美操的基本手型、手臂、步伐动作写下你的编排思路。

第 十三 章

啦啦操

情境再现

　　艾森豪威尔、里根、布什，这些政治家都曾在求学时期投身到啦啦队中，他们将这视为一份荣誉。至今，美国、日本多任总统、首相等高官都曾兼任啦啦操推广联盟的发起者和推广者。这究竟是怎样的一项运动呢！

　　啦啦操是一种表演性竞技项目，结合时尚运动，托举、人塔、空翻、抛接、跳跃等多元素，缤纷闪亮，充满青春气息。多元化的啦啦操展现团队协作、奋发向上、自信热情于一身，代表着张扬热烈、朝气蓬勃的精神力量。因此，学校鼓励、组织学生参加啦啦操训练，为校园生活添加活力。目前，全国啦啦操项目逐步发展，编纂出不同年龄、不同级别的规定套路动作，供学生学习、练习。

知识引领

　　啦啦操不同于健美操与舞蹈，需练习基本手位与步伐，配合跳跃的难度动作，并学习正确的立、坐、卧和走、跑及头面部的姿态，安全科学地进行体育锻炼。

第一节 啦啦操的基本动作

一、啦啦操的基本特征

啦啦操是所有与呐喊助威目的有关的社会文化活动的总称，是在音乐的伴奏下，以徒手或手持轻器械的技巧动作或舞蹈动作为载体，以团队为组织，助威比赛、调节紧张对抗的比赛气氛，旨在体现团队意识与集体主义精神，反映朝气蓬勃的精神面貌，具有竞技性、观赏性、表演性的一项体育运动。按照目的的不同，啦啦操可以进行如下分类（图 13-1）。

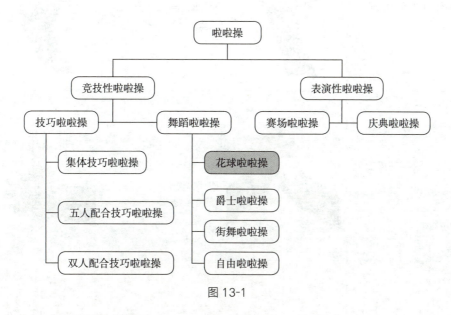

图 13-1

其中花球啦啦操是啦啦操中最常见的项目，也是啦啦操的基础项目。各级竞技性啦啦操比赛中，花球啦啦操是参与队伍最多的项目，舞蹈啦啦操中花球啦啦操作为主导项目在篮球、足球、橄榄球赛中有出色的体育展示作用。

二、啦啦操的基本动作

（一）常用手型

1. 胜利：握拳，食指和中指伸直呈"V"字形。	2. 力量：拇指握于四指。	
3. 喝彩：十指用力张开。	4. 酷：中指和无名指弯曲，其他三指自然张开。	
5. 团结：双手在虎口处相握。	6. 真棒：四指相握，拇指竖起。	
7. 勇往直前：握拳，食指伸出。		

（二）基本手位

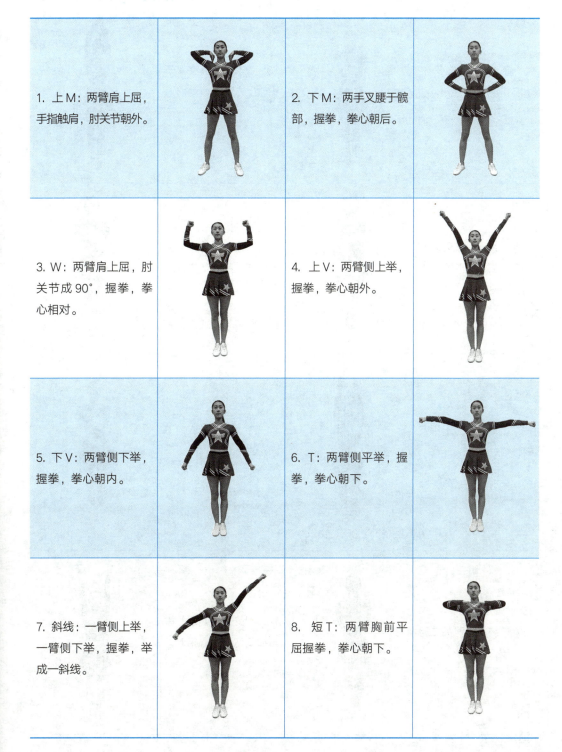

1. 上M：两臂肩上屈，手指触肩，肘关节朝外。	2. 下M：两手叉腰于髋部，握拳，拳心朝后。
3. W：两臂肩上屈，肘关节成90°，握拳，拳心相对。	4. 上V：两臂侧上举，握拳，拳心朝外。
5. 下V：两臂侧下举，握拳，拳心朝内。	6. T：两臂侧平举，握拳，拳心朝下。
7. 斜线：一臂侧上举，一臂侧下举，握拳，举成一斜线。	8. 短T：两臂胸前平屈握拳，拳心朝下。

续表

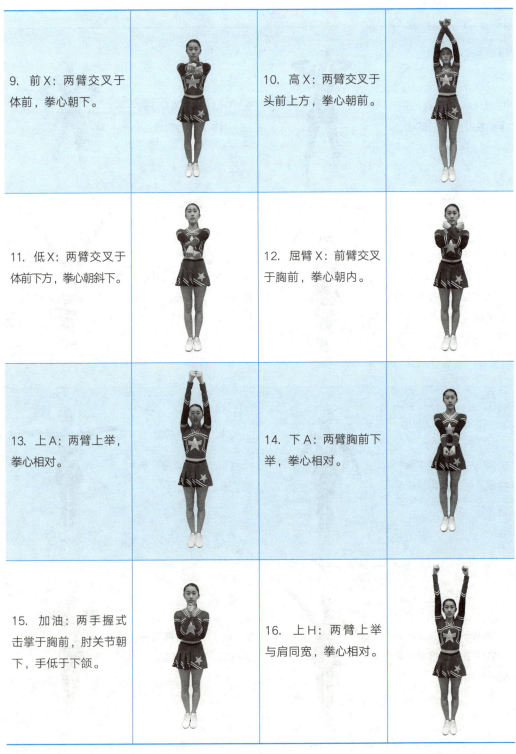

9. 前 X：两臂交叉于体前，拳心朝下。	10. 高 X：两臂交叉于头前上方，拳心朝前。
11. 低 X：两臂交叉于体前下方，拳心朝斜下。	12. 屈臂 X：前臂交叉于胸前，拳心朝内。
13. 上 A：两臂上举，拳心相对。	14. 下 A：两臂胸前下举，拳心相对。
15. 加油：两手握式击掌于胸前，肘关节朝下，手低于下颌。	16. 上 H：两臂上举与肩同宽，拳心相对。

续表

17. 下 H：两臂前下举，拳心相对。		18. 小 H：一臂上举，另一臂胸前屈，握拳，拳心朝内。	
19. L：一臂握拳，拳心朝内，另一臂侧举握拳，拳心朝下。		20. 倒 L：一臂侧举，另一臂前下举握拳，拳心朝下。	
21. K：一臂前上举，另一臂前下举，握拳，拳心相对。		22. 侧 K：弓步或开立，手臂同 K。	
23. R：一手头后屈，拳心朝内，另一手向前下冲拳，做 K 的一半，拳心朝下。		24. 弓箭：一臂胸前平屈，前臂低于上臂，另一臂侧平举。两手握拳，拳心朝下。	

续表

25. 小弓箭：一臂侧平举，拳心朝下，另一臂胸前屈，拳心朝内。		26. 高冲拳：一臂前上举，拳心朝内，另一臂叉腰，拳心朝后。	
27. 侧下冲拳：一手叉腰，拳心朝后，另一臂做下 V 的一半，拳心朝下。		28. 斜下冲拳：左手叉腰为例，右臂左前下冲拳，拳心朝下。	
29. 斜上冲拳：左手叉腰为例，右臂左前上冲拳，拳心朝下。		30. 短剑：左手叉腰为例，右臂胸前屈，拳心朝内。	
31. 侧上冲拳：一手叉腰拳心朝后，另一臂做上 V 的一半，拳心朝外。		32. X：双腿开立，两臂头后平屈，拳心贴头，肘关节朝外。	

（三）基本站步

1. 立正站：直立，两腿并拢，手臂贴于体侧。		2. 军姿站：直立，脚跟并拢脚尖外开，两手背于体后。	
3. 弓步站：前腿弯曲，后腿伸直，重心在两腿之间。		4. 侧弓步站：一腿弯曲支撑，另一腿伸直侧点地，重心在支撑腿上。	
5. 锁步站：两腿弯曲，一腿交叉于另一腿前。		6. 吸腿站：一腿直立，另一腿屈膝抬起，大小腿保持 90°。	

（四）基本步伐

1. 开合跳：由并腿跳起后分腿落地，分腿时，髋部外开，屈膝缓冲，膝关节弯曲的方向与脚尖方向相同；然后再跳起并腿落地，脚可平行落地或外开。		2. 弓步跳：上体正直，并腿跳起两腿前后分开成弓步，两脚尖向前并平行，脚后跟可以不着地，重心在两腿之间。	

续表

3. 吸腿跳：一腿跳起落地，另一腿屈膝向上抬起，小腿垂直于地面，脚尖绷直；大腿高度不低于腰部。大腿的高度不同，动作的强度也不同。		4. 踢腿跳：一腿跳起落地，另一腿直膝向前或向侧加速上踢，支撑腿可轻微弯曲。	
5. 后踢跑跳：一腿跳起落地，另一腿的小腿极大限度向后屈膝踢起，要求髋和膝在一条直线上；两腿依次经腾空落地，落地缓冲，脚尖过渡到脚后跟。			

（五）跳跃动作

1. 分腿小跳：空中两腿分腿，膝盖伸直，呈"大"字。

2. 并腿小跳：空中两腿并腿，膝盖伸直，两腿夹紧呈"十"字。

3. C跳：空中细腿弯曲，上体后仰，呈"C"字。

4. 团身跳：空中双腿屈膝，提膝将全身团紧，双手扶住小腿。

5. 纵跨跳：空中呈纵叉动作姿势。

6. 莲花跳：空中单腿屈膝，单腿伸直，两臂斜上举。

7. 跨栏跳：空中单腿屈膝，单腿伸直，呈跨栏动作姿势。

8. 屈体分腿跳：空中两腿分腿，至水平，膝盖伸直。

9. 屈体并腿跳：空中两腿并腿，至水平，膝盖伸直。

10. 鹿跳：空中两腿屈膝，一腿小腿垂直向下，一腿后踢。

11. 反跨跳：起跳向反方向，空中呈纵叉动作姿势。

12. 交换腿跳：空中呈纵叉动作姿势，并交换腿一次。

知识窗

啦啦操起源于早期部落社会的仪式。为激励外出打猎或打仗的战士，他们通常会举行一种仪式，仪式中族人用欢呼、手舞足蹈的表演来鼓励战士，希望能凯旋。之后，它变成为美式足球呐喊助威的活动，遍布美国的 NBA、橄榄球、棒球等比赛现场，并借助 NBA 逐渐在全球范围内广泛传播。

19 世纪 70 年代，第一个啦啦队俱乐部在美国普林斯顿大学成立。

20 世纪 80 年代初，啦啦操开始跨越美国向世界传播，并建立统一的啦啦操标准。

2001 年举行了第一届世界啦啦操锦标赛，标志着啦啦操正式晋升为世界性竞赛项目。

20 世纪 90 年代中国较正式的啦啦操比赛悄然兴起。

2001 年，在广州举办了首届全国大学生啦啦操大赛。从此，啦啦操运动在我国全面开展。

第二节　花球啦啦操的锻炼套路

一、基本动作组合练习

下面 3 个组合运用了啦啦操的基本手位和下肢动作。将基本手位与下肢动作的一些基本技术动作编成组合，进行上下配合练习，增强肢体的协调性与动作的表现力，最后集体练习时可以配合队形变化。

（一）组合一

（1）①～②右脚向右一步，左手叉腰，同时右臂向左斜上举；③～④左手叉腰，右手肩膀前屈臂；⑤～⑦右手直臂经身体左侧至前向右摆，头随手臂同时摆动；⑧收右脚还原（图 13-2）。

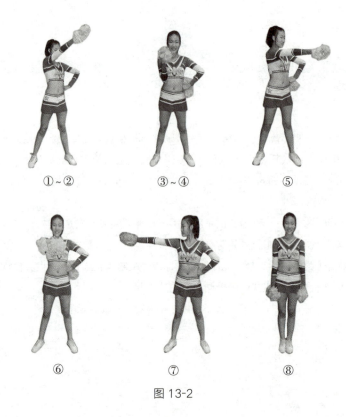

①~②　　　　　③~④　　　　　⑤

⑥　　　　　⑦　　　　　⑧

图 13-2

（2）①~②身体经左向后转，左脚后退一步成左脚在前的弓步，双臂胸前屈；③~④身体经右转回来，双臂斜上举；⑤~⑥收左脚，屈膝蹲，双手扶膝，低头含胸；⑦~⑧还原（图 13-3）。

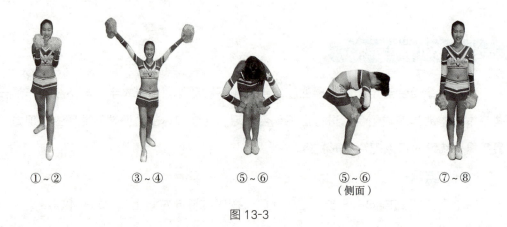

①~②　　　③~④　　　⑤~⑥　　　⑤~⑥　　　⑦~⑧
　　　　　　　　　　　　　　　　　　（侧面）

图 13-3

（二）组合二

（1）①从右脚开始，向前走，同时双臂斜下摆；②左脚在前，同时胸前击掌；③同①动作；④并脚，胸前击掌；⑤右脚向右一步，同时双手直臂向右斜上摆；⑥左脚向左踏一步，双手向左斜下摆；⑦收右脚并脚，双手侧平；⑧还原（图13-4）。

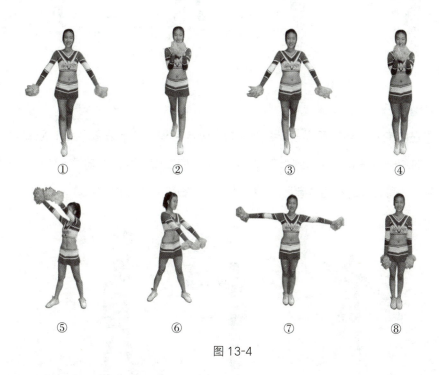

①　②　③　④
⑤　⑥　⑦　⑧

图 13-4

（2）①双臂向右摆，右臂伸直，左臂屈，呈弓箭；②双臂向左摆，左臂伸直，右臂屈，呈弓箭；③同①动作；④还原；⑤吸左腿，同时左手叉腰，头向右摆，身体略向右倾斜；⑥还原；⑦左脚向左一步，同时右臂向左斜前方摆；⑧收左脚还原（图13-5）。

①　②　③　④

⑤   ⑥   ⑦   ⑧

图 13-5

（三）组合三

（1）①左脚向左一步，手臂呈斜线位；②右脚向后退一步于左脚后面，双臂呈侧平举；③左脚向左一步开立，双臂到上下举；④右脚并向左脚，双臂胸前屈；⑤～⑥左脚向左一步呈弓步，同时双臂左侧冲拳呈 K 位；⑦～⑧收右脚还原（图 13-6）。

①   ②   ③

④   ⑤～⑥   ⑦～⑧

图 13-6

（2）①右脚向右一步，双臂右胸前绕，面向右看；②左脚向左踏一步，双臂左胸前绕，面向左看；③两腿开立，双手叉腰；④两腿收回，双臂收体侧；⑤～⑥右脚向后退一步呈左腿在前弓步，双臂向上冲拳；⑦～⑧还原（图13-7）。

① ② ③

④ ⑤～⑥ ⑦～⑧

图13-7

二、套路练习

现行全国普及啦啦操的动作于2016年颁布。初学者可在学习以上基本技术动作的基础上，搜索相关啦啦操规定动作的分解动作，进一步学习成套动作。

情境运用

如果学校开展篮球比赛，需要班级选派10名啦啦队队员进行中场表演，并且队长需编排一套花球啦啦操为本班级的篮球队助威加油。你作为队长应该如何利用所学编排动作呢？依照花球啦啦操的基本手位、难度动作写下你的编排思路。

Part 5

民族体育篇

第十四章

太极拳

相传，宋代武当山道士张三丰在受皇帝召见途中被强盗拦阻，他使用夜梦武当山神授的拳法，杀退百余贼人，这套拳法经过流传演变，成为今天家喻户晓的太极拳。另一种说法是，张三丰生于元末明初，在武当山修道炼丹过程中，观察蛇雀之争，探索龟鹤长寿之秘诀，由此创编了太极拳。张三丰创拳之说尽管流传广泛，但史料不足，成为武术界的"未解之谜"。

据现代武术史学家考察得知，太极拳发源于河南温县陈家沟，是明末清初陈氏九世传人陈王廷在祖传拳械的基础上，以太极阴阳学说为理论依据，结合中医经络学说和导引吐纳术而创编的一套拳术。

知识引领

太极拳是我国宝贵的民族遗产，具有技击和健身两方面的作用。坚持打太极拳对许多疾病有防治作用，能康复身体、预防早衰，延缓衰老，延年益寿。

学会科学的太极拳练习方法，并把太极拳的运动形式，基本技术动作和主要招式教给家人，和他们一起练习太极拳吧！

第一节 太极拳的基本动作

一、手型

（一）拳

四指并拢卷曲，指尖握于掌心，然后拇指卷曲，压于食指、中指第二指关节上（图14-1）。握拳不可太紧，避免手臂僵直。拳心向下叫平拳，拳眼向上叫立拳。

（二）掌

五指放松分开，虎口呈弧形，拇指与小指有相合之意，五指均轻微合拢，掌心含空，不可用力（图14-2）。

（三）勾

五指尖捏拢，屈腕放松，手腕背部隆起（图14-3），但要注意放松，不要过分用力。

图 14-1 拳

图 14-2 掌　　图 14-3 勾

二、手法

（一）冲拳

两手握拳抱贴于腰侧，拳心向上，肘尖向后，目视前方。一臂从腰侧向前快速冲出，拧腰顺肩，当肘关节冲过腰时，前臂迅速内旋。同时异侧肘后引，挺胸、立腰，目视前方（图14-4）。冲拳时肩肘放松，拳走直线，力达拳面。

图 14-4　冲拳

（二）搬拳

屈臂俯拳，自异侧面上，以肘关节为轴，前臂翻之体前，手臂呈弧形。

（三）贯拳

两拳自下经两侧，臂内旋向前上圈打，与耳同高，拳眼斜向下，两臂呈弧形。

（四）推掌

掌从腰侧向前快速推出，当肘过腰时，前臂内旋，坐腕，挑指立掌，臂伸直掌根高于肩。成侧立掌时，手腕后屈并向拇指一侧旋转，目视前方。推掌时，松肩沉肘，舒指坐腕，力达掌根（图 14-5）。

图 14-5　推掌

（五）搂掌

掌自异侧经体前弧形下搂至体外侧，掌心向下，指尖向前。

（六）云掌

两掌在体前上下交替呈立圆运转。

（七）抱掌

两掌合抱，两臂保持弧形，腋下含空。

三、步型

（一）弓步

前脚尖向前，全脚着地，屈膝半蹲，垂直面上膝关节不可超过脚尖；后腿自然伸直，脚尖斜向前方，全脚着地（图14-6）。两脚之间横向距离10～30cm。

图14-6　弓步

（二）虚步

两脚前后开立，重心在后腿。后腿屈膝半蹲，大腿高于水平，后脚全脚着地，脚尖斜向前，前腿微屈，脚尖或脚跟虚点地面（图14-7）。

图14-7　虚步

（三）仆步

两脚左右开立，一腿屈膝全蹲，全脚着地，膝与脚尖稍外展，臀部接近小腿；另一腿自然伸直贴近地面，全脚着地，脚尖点地屈收于支撑脚内侧（图14-8）。

图14-8　仆步

（四）独立步

支撑腿自然直立，另一腿屈膝上提或蹬出。

四、步法

（一）上步

一腿支撑，另一腿提起，经支撑腿内侧向前上步，脚跟先着地，随着重心前移，全脚着地。

（二）退步

一脚支撑，另一脚经支撑腿内侧后退一步，脚前掌先着地，随着重心后移，全脚着地。

（三）跟步

重心前移，后脚向前脚跟进半步，脚前掌先着地，随着重心后移，逐渐全脚着地。

（四）踩步

一脚以脚跟为轴，脚尖外摆或内扣，另一脚以前脚掌为轴，脚跟外展或内扣。

情境运用

每人编出一套手型、手法、步型、步法的练习套路，配上口令与音乐，强化手型、手法、步型和步法的练习。

第二节　太极拳的锻炼套路

太极拳包括功法、推手和套路三种运动形式。功法是推手和套路的基本功，推手是检验拳术功夫层次的重要标准，是知彼功夫，套路是知己功夫，练习太极拳要兼练三种形式。

功法是各种基本功和基本动作的操练，如"太极桩功""太极养生功十三势"等。推手是双人对抗性的操练或竞技比赛，以提高攻防技巧、对抗能力和反应能力为目的，包括单推手、双推手、定步推手、活步推手、大捋推手、散推手等。套路（拳套、架子）是将很多单个攻防动作或具有攻防含义的动作按照一定的格式和运动规律

知识窗

太极拳流派

陈式太极拳：刚柔并济、快慢兼并、螺旋缠丝、松活弹抖。

杨式太极拳：柔和匀缓、舒展大方、中正安舒。

吴式太极拳：柔和紧凑、大小适中、斜中寓正。

武式太极拳：动作灵活、步法轻捷。

孙式太极拳：开合鼓荡、小巧紧凑、步活身灵。

编组而成的成套练习，包括徒手套路、器械套路、单练套路、对练套路等。

1956 年国家体育运动委员会组织专家，在传统太极拳的基础上，按由简入繁、循序渐进、易学易记的原则，去除繁难的重复动作，选取了二十四式，编成简化太极拳。

一、第一组

1. 起势（图 14-9）

（1）开步站立　　　　　（2）吸气升掌　　　　　（3）屈膝按掌

图 14-9

2. 左右野马分鬃

（1）野马分鬃一（图 14-10）。

（1）丁步抱球　　　　　（2）左转上步　　　　　（3）弓步分掌

图 14-10

（2）野马分鬃二（图 14-11）。

（1）重心后坐　　（2）跟步抱球　　（3）斜向上步　　（4）弓步分掌

图 14-11

（3）野马分鬃三（图14-12）。

（1）重心后坐　　　　　（2）跟步抱球　　　　　（3）斜向上步　　　　　（4）弓步分掌

图 14-12

要点：上体不可前俯后仰，胸部必须宽松舒展。两臂分开时要保持弧形，身体转动时要以腰为轴。野马分鬃的弓步，前后脚的脚跟要分在中轴线两侧。

3. 白鹤亮翅（图14-13）

（1）跟步抱球　　　　（2）虚步亮掌（侧面）　　　（3）虚步亮掌（正面）

图 14-13

要点：完成姿势胸部不要挺出，两臂上下都要保持半圆形，左膝微屈，身体重心后移和右手上提、左手下按要协调一致。

二、第二组

4. 左右搂膝拗步

（1）搂膝拗步一（图14-14）。

（1）转体侧抱　　　　　（2）弓步推掌

图 14-14

（2）搂膝拗步二（图 14-15）。

（1）重心后坐　　　　　（2）丁步侧抱　　　　　（3）弓步推掌

图 14-15

（3）搂膝拗步三（图 14-16）。

（1）重心后坐　　　　　（2）丁步侧抱　　　　　（3）弓步推掌

图 14-16

要点：前手推出时，身体不可前俯后仰，要松腰松胯。推掌时要沉肩垂肘、坐腕舒掌，同时须与松腰、弓腿上下协调一致。

5. 手挥琵琶（图 14-17）

（1）顺势跟步　　　　　（2）后坐合掌

图 14-17

要点：身体要平稳自然，沉肩垂肘，胸部放松。左手上起时不要直向上挑，要由左向上、向前，微带弧形。右脚跟进时，脚掌先着地，再全脚踏实。

6. 左右倒卷肱

（1）倒卷肱一（图14-18）。

（1）转体托掌　　　　　　（2）退步推掌

图14-18

（2）倒卷肱二（图14-19）。

（1）转体托掌　　　　　　（2）退步推掌

图14-19

（3）倒卷肱三（图14-20）。

（1）转体托掌　　　　　　（2）退步推掌

图14-20

（4）倒卷肱四（图14-21）。

注意：右脚退步时，脚尖外摆。

（1）转体托掌　　　　　　（2）退步推掌

图14-21

要点：前推手不要伸直，后撤手也不可直向回抽。前推时，要转腰胯，两手的速度一致；退步时，脚掌先着地，再慢慢全脚踏实。前脚随转体以脚掌为轴扭正。退左脚略向左后斜，退右脚略向右后斜，后退时，眼神随转体动作先向左看，再向右看，然后再转看前手。最后退右脚时，脚尖外撇的角度略大，便于接下一个动作。

三、第三组

7. 左揽雀尾（图 14-22）

（1）收脚抱球　　（2）弓步前掤　　（3）后坐捋　　（4）右后转掌

（5）弓步前挤　　（6）旋臂分掌　　（7）后坐收掌　　（8）弓步按掌

图 14-22

8. 右揽雀尾（图 14-23）

（1）扣脚转体　　（2）收脚抱球　　（3）弓步掤　　（4）后坐捋

（5）左后转掌　　（6）弓步前挤　　（7）旋臂分掌　　（8）后坐收掌　　（9）弓步按掌

图 14-23

四、第四组

9. 单鞭（图 14-24）

（1）扣脚左转　　（2）右移摆掌　　（3）丁步勾手　　（4）左转开步　　（5）弓步推掌

图 14-24

要点：上体保持正直，松腰。全部过渡动作须上下协调一致。如面向南起势，单鞭的方向（左脚尖）应向东偏北。

10. 左云手

（1）云手一（图 14-25）。

（1）转体侧抱　　　　（2）并步左云

图 14-25

223

（2）云手二（图14-26）。

（1）开步右云　　　　　（2）并步左云

图 14-26

11. 单鞭（图 14-27）

（1）丁步勾手　　　　（2）左转开步　　　　（3）弓步推掌

图 14-27

五、第五组

12. 高探马（图 14-28）

（1）跟步托掌　　　　　　（2）虚步推掌

图 14-28

要点：上体自然垂直，双肩下沉，右肘微下垂，跟步移换重心时，身体不要有起伏。

13. 右蹬脚（图 14-29）

（1）左手穿掌　　（2）上步分掌　　（3）跟步合抱　　（4）提膝合抱　　（5）蹬腿撑掌

图 14-29

14. 双峰贯耳（图 14-30）

（1）提膝托掌　　　　（2）上步收拳　　　　（3）弓步贯拳

图 14-30

要点：完成式时，头颈正直，松腰松胯，两拳松握，沉肩垂肘，两臂保持弧形。

15. 转身左蹬脚（图 14-31）

（1）左转扣脚　　（2）右移划弧　　（3）收脚合抱　　（4）提膝合抱　　（5）蹬脚撑掌

图 14-31

225

六、第六组

16. 左下势独立（图 14-32）

（1）收腿勾手　　　（2）仆步穿掌　　　（3）弓步挑掌　　　（4）提膝挑掌

图 14-32

要点：上体正直，独立的腿要弯曲，右腿提起时脚尖自然下垂。

17. 右下势独立（图 14-33）

（1）落脚转体　　　　（2）仆步穿掌　　　　（3）弓步挑掌　　　　（4）提膝挑掌

图 14-33

要点：右脚尖触地后稍微提起再仆步穿掌。

七、第七组

18. 左右穿梭

（1）左穿梭（图 14-34）。

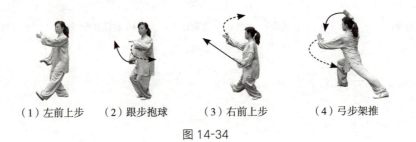

（1）左前上步　　（2）跟步抱球　　（3）右前上步　　（4）弓步架推

图 14-34

（2）右穿梭（图14-35）。

（1）后坐摆脚　　（2）跟步抱球　　（3）左前上步　　（4）弓步架推

图 14-35

要点：完成姿势面向斜前方，手推出后，上体不可前俯。手向上举时，防止引肩上耸。

19. 海底针（图14-36）

（1）跟步提掌　　　　（2）虚步插掌

图 14-36

20. 闪通臂（图14-37）

（1）迈步提掌　　　　（2）弓步架推

图 14-37

八、第八组

21. 转身搬拦捶（图14-38）

（1）扣脚右转　　（2）收脚抱拳　　（3）圈步搬拳　　　　（4）上步拦掌　　　（5）弓步冲拳

图 14-38

要点：右拳不要握得太紧，右拳回收时，前臂要慢慢内旋划弧，然后再外旋停于右腰旁，拳心向上。

22. 如封似闭（图14-39）

（1）前穿分掌　　　　（2）后坐收掌　　　　（3）弓步推掌

图 14-39

要点：身体后坐时，避免后仰臀部不可凸出。

23. 十字手（图14-40）

（1）右转分掌　　　　（2）左移合抱　　（3）收脚合抱

图 14-40

要点：两手分开和合抱肘，上体不要前俯。站起后，身体自然正直，头要微向上顶，下颌稍向后收。

24. 收势（图 14-41）

（1）旋臂翻掌

（2）直立落掌

（3）收脚还原

图 14-41

第十五章

五禽戏

情境再现

远古先民时期，生存环境恶劣，身体筋骨瑟缩、气血不通，部落首领阴康氏便教人舞蹈，使关节活动、血脉通畅，具有消肿的作用，故又称阴康氏"消肿物"。道教根据古人所谓"流水不腐，户枢不蠹"的道理，认为运动可以帮助消化，通利关节，促进血液循环，达到祛病延年的目的，于是导引养生体系逐渐发展并丰富起来，导引亦作"道引"，即导气令和、引体令柔之意，是修炼者以自力引动肢体所做的俯仰屈伸运动（常和行气、按摩等相配合），是锻炼形体的一种养生术。

五禽戏是一种流传较为广泛的导引养生术，"五禽戏"一词源于《三国志》中记载的华佗向弟子吴普传授养生："吾有一术，名为五禽之戏，一曰虎，二曰鹿，三曰熊，四曰猿，五曰鸟。亦以除疾，并利蹄足，以当导引。"华佗对五禽戏的推崇使这项养生术声名大噪，但是华佗对其具体技术方法并未留有文字记载。华佗逝世后二百多年后，有关"五禽戏"的具体动作方法的记录出现于南北朝养生大家陶弘景的《养性延命录》中，其中的记录是否为其原貌已不可考。因而催生了众多的"五禽戏"版本，其中最具代表的是明代周履靖的《夷门广牍·赤凤髓》中所载的"五禽戏"。

知识引领

国家级非物质文化遗产名录项目——五禽戏的内容和锻炼方法值得我们认真学习。练习五禽戏，须体会呼吸的配合和意念的运用，感受仿生功法的外动内静、动中求静、动静兼备、刚柔并济和内外兼练，达到形神合一，学会理解和实施运动养生理念。

第一节　五禽戏的基本动作

一、基本手型

1. 虎爪：五指张开，虎口成圆，食指中指弯曲内扣。（图 15-1）

图 15-1

2. 鹿角：大拇指伸直用力张开，中指和无名指弯曲内扣，食指和小拇指伸直。（图 15-2）

图 15-2

3. 熊掌：大拇指位于食指指端处，其余四指弯曲，虎口成圆。（图 15-3）

图 15-3

4. 猿勾：屈腕关节并将五指指腹捏紧。（图15-4）

图 15-4

5. 鸟翅：五指伸直，大拇指、食指、小拇指用力往上翘，其余两指并拢往下伸直。（图15-5）

图 15-5

二、基本步型

1. 弓步：双腿前后大开立，一条腿屈膝前弓，脚尖微微内扣，另一条腿自然伸直，全脚掌着地，脚尖稍内扣，重心位于两腿之间。（图15-6）

图 15-6

2. 虚步：一条腿往外迈出将脚后跟着地，脚尖勾起，膝盖微微弯曲，另一条腿屈膝脚全掌着地，脚尖朝向斜前方，重心落于脚全掌落地的腿上。（图15-7）

图 15-7

3. 丁步：双腿左右分开略窄于肩，屈双膝，一只脚脚尖着地，位于另一只脚足弓位置，另一只脚脚全掌着地，重心落于脚全掌落地的腿上。（图 15-8）

图 15-8

三、平衡类型

1. 提膝平衡：上体正直，一条腿直立，另一条腿屈膝尽力将脚后跟位于直立腿的膝盖前方，脚尖朝下。（图 15-9）

图 15-9

2. 后举腿平衡：一条腿直立，另一条腿伸直往后上方抬起，脚尖朝下。（图 15-10）

图 15-10

情境运用

　　对五禽戏的动作进行组合，配合节奏旋律合适的音乐，创编出适用于小学生、中学生、大学生的不同的锻炼套路，并进行练习。

第二节　五禽戏的锻炼套路

一、虎戏

自然站式，俯身，两手按地，用力使身躯前耸并配合吸气，当前耸至极后，稍停；然后，身躯后缩并呼气，如此3次；继而两手先左后右向前挪移，同时两脚向后退移，以极力拉伸腰身；双手按地抬头面朝天，再低头向前平视；最后，如虎行走般以四肢前爬7步，后退7步。

注意：要做到虎的威猛之势。双目有神，四肢有力，动有雷霆万钧之气势，静有泰山之安定，动作刚劲有力但又刚中有柔。呼吸随动作力量、节奏而变化，乏力之时可发声。

二、鹿戏

按上四肢着地势。吸气，头颈向左转，双目向左侧后视，当左转至极后稍停；呼气，头颈回转，当转至面朝地时再吸气，并继续向右转，一如前法。如此左转3次，右转2次，后回复如起势。然后，抬左腿向后挺伸，稍停后放下左腿，抬右腿如前法挺伸。如此左腿后伸3次，右腿2次。

注意：要做到鹿的轻巧敏捷，舒松自由之势。神态悠闲雅致，动作舒松自然、快捷灵敏、轻快，呼吸因动作节奏而变，相对短促轻松。

三、熊戏

仰卧式，两腿屈膝拱起，两脚离床席，两手抱膝下，头颈用力向上，使肩背离开床席；略停，先以左肩侧滚落床面，当左肩一触及床席立即复头颈用力向上，肩离床席；略停后再以右肩侧滚落，复起。如此左右交替各7次。然后起身，两脚着床席呈蹲式，两手分按同侧脚旁；接着如熊行走般，抬左脚和右手掌离床席；当左脚、右手掌回落后即抬起右脚和左手掌。如此左右交替，身躯亦随之左右摆动，片刻而止。

注意：要表现熊的沉稳安定、力度浑厚，神态稳重自然，呼吸缓慢柔和。

四、猿戏

择一牢固横杆（如单杠、门框、树杈等），略高于自身，站立手指可触及高度，如猿攀物般以双手抓握横杆，使两肢悬空，做引体向上 7 次。接着先以左脚背钩住横竿，放下两手，头身随之向下倒悬；略停后换右脚如法勾杆倒悬。如此左右交替各 7 次。

注意：动作上要灵敏快捷，轻便柔和，神态上要快乐而略显顽皮，呼吸上应配合轻快的动作而略短快。与鹿戏相较而言，二者皆为相对轻快的动作，但鹿戏略显优雅，猿戏更显乐天快活。同为快字，鹿戏应更迅捷，猿戏应多柔和。

五、鸟戏

自然站式。吸气时跷起左腿，两臂侧平举，扬起眉毛，鼓足气力，如鸟展翅欲飞状；呼气时，左腿回落地面，两臂回落腿侧。接着，跷右腿如法操作。如此左右交替各 7 次。然后坐下，屈右腿，两手抱膝下，拉腿膝近胸；稍停后两手换抱左膝下如前法操作。如此左右交替亦 7 次。最后，两臂如鸟理翅般伸缩各 7 次。

注意：要做到动作轻盈舒展，神态悠然安详，呼吸柔缓自然。

情境运用

对五禽戏的动作进行组合，配合节奏旋律合适的音乐，创编出适用于中职学生的锻炼套路，并进行练习。

第 十六 章

毽球

情境再现

"有一个叫跋陀的人要去洛阳，在路上遇到了 12 岁惠光，在天街井栏上反踢毽子，连续踢了 500 次，路人赞叹不已。跋陀是南北朝北魏人，为河南嵩山少林寺的祖师，他非常喜欢惠光，并将他收为弟子，惠光便成了少林寺的小和尚"，这是有关"踢毽子"的历史记载。据历史文献和出土文物证实，踢毽子起源于我国汉代，与蹴鞠同宗同源，盛行于六朝、隋、唐，至清末，踢毽子已达到鼎盛。20 世纪 30 年代后，踢毽子曾一度衰落。新中国成立后，国家大力扶植发展这一传统体育项目。1963 年，踢毽子同跳绳等一起被列入国家提倡开展的体育活动，并被编入小学体育教材。

毽球是从踢毽子演变而来的，1984 年，《毽球竞赛规则》诞生，改称踢毽为"毽球"。1987 年中国毽球协会成立，此后每年都举办全国毽球锦标赛。在 1995 年的全国少数民族传统体育运动会和 1996 年的全国农民运动会上，毽球均首次被列为比赛项目。它在毽球趣味性、观赏性和健身性的基础上，增加了对抗性，是集羽毛球的场地、排球的规则、足球的技术为一体的体育项目。

知识引领

课余时间学生经常聚在一起踢毽球，它成了一项备受喜爱的课余活动。掌握毽球的站立移动、发球、传球、停球等基本技术，了解毽球进攻和防守的基本战术，提高灵敏、速度、弹跳力、耐力和柔韧等素质，在隔网竞争中培养空间和时间概念，培养团队的集体主义精神。

第一节 毽球的基本技术

一、准备姿势

准备姿势是练习者在场上未接球时身体的一种等待状态。

（一）平行站立法

1. 动作要领

两脚左右开立，比肩略宽，两脚站在同一条直线上，两脚尖内收成"内八字"，脚跟稍提起，脚掌内侧着地，两膝稍弯曲，重心置于两腿之间，上体放松稍前倾，两臂自然屈于体侧，保持待动状态，目视来球。

2. 重点

两脚掌内侧用力着地，重心下降，两膝内扣。

（二）前后站立法

1. 动作要领

两脚前后分开站立，支撑脚在前，两脚稍内扣，脚内侧发力，后脚跟稍提起，两膝微屈，重心稍前移下降，两臂自然屈于体侧，保持待动状态，目视来球。

2. 重点

两脚掌着地，重心落在前脚。

（三）练习方法

1. 按正确动作要领反复做准备姿势练习。

2. 看手势或听口令快速做出正确准备姿势。

3. 两人或多人一组互帮互练反复做准备姿势练习。

二、移动技术

（一）前上步

踢球脚蹬地，支撑脚向前或斜前上方迈出一步，踢球脚随前做好踢球时准备姿势。（图 16-1）

图 16-1　前上步

（二）后撤步

支撑脚向后蹬地，重心后移，同时踢球脚向后迈出一步，支撑脚跟上呈踢球准备姿势。

（三）左右滑步

平行站立时，左（右）脚用力侧蹬，重心侧移，同时右（左）脚向侧迈出，左（右）脚迅速跟上呈踢球准备姿势，可连续滑步。（图 16-2）

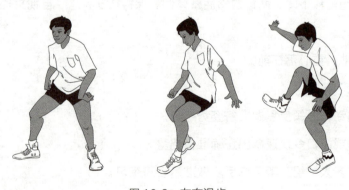

图 16-2　左右滑步

（四）交叉步

向右（左）交叉步移动时，左（右）脚向右（左）侧蹬地，把身体重心移到右（左）脚，左（右）脚从右（左）脚前往右（左）侧交叉迈出，同时右（左）脚向外侧蹬地，从左（右）脚后侧迈出，呈踢球准备姿势。（图 16-3）

图 16-3　交叉步

（五）跨步

支撑脚用力向前或者斜前方蹬地，重心前移，踢球脚随即跨出呈救球姿势。

（六）练习方法

1. 按正确动作要领反复做各种移动步法练习。

2. 两人或多人一组，互帮互练做各种移动步法练习。

3. 两人一组相距 3m 左右，面对面站立，做各种移动步法练习。

4. 沿毽球场地上的线，做教师规定步法地移动练习。

三、踢球技术

（一）脚内侧踢球（内脚踢球）

此种踢法，脚接触球的面积大，传球较准确，适用于中、短距离传球和调整传球。

1. 动作要领

踢球时，左腿膝关节微屈支撑身体，右大腿带动小腿屈膝上摆，同时以髋关节为轴，屈膝外张，脚触球的瞬间，小腿加速上摆，踝关节内屈端平，用脚弓内侧把球踢出。（图 16-4）

图 16-4　脚内侧踢球

2. 重点

毽球与脚内侧接触的部位。

（二）脚外侧踢球

1. 动作要领

踢球时，左腿膝关节微屈支撑身体，右腿以髋关节为轴屈膝，膝内扣，小腿迅速抬起向体外侧上摆。当脚接触球的瞬间勾脚尖，踝关节外屈端平，用脚背外侧把球向上踢起。

2. 重点

毽球与脚背外侧接触的部位。

（三）正脚背踢球

1. 动作要领

踢球时，左腿膝关节微屈支撑身体，右大腿带动小腿屈膝向前摆，脚背绷直，击球时小腿加速向前上方摆动，用脚背正面将球踢出。（图 16-5）

图 16-5　正脚背踢球

2. 重点

毽球与正脚背接触的部位。

（四）练习方法

1. 徒手模仿练习，体会动作技术。

2. 单脚踢球练习，体会脚触球的部位。

3. 左右脚交替练习，踢球高度超过头部，加强弱侧脚的练习。

4. 定时计数练习或定数计时练习。

5. 一抛一踢练习。

6. 两人对踢练习。

7. 多人踢球练习。

四、触球技术（停球）

（一）腿部触球

1. 动作要领

左脚支撑身体，右腿屈膝，大腿带动小腿上提，当球下落到髋部左右时，用膝关节以上大腿前部接触球，将球弹起。

2. 重点

球与大腿接触的部位，大腿触球的时机与用力。

（二）腹部触球

1. 动作要领

身体对准来球，两腿屈膝，上体稍后仰，含胸收腹，当腹部接触球时，稍挺腹将球轻轻弹出。

2. 重点

触球前的收腹与屈髋动作。

（三）胸部触球

1. 动作要领

两脚前后或左右站立，身体正对来球，两膝微屈，上体稍后仰，当球距胸前约

10cm 时，两臂自然微屈，两肩稍用力向后拉，接触球的瞬间挺胸、蹬地，用胸部将球弹起。

2. 重点

球与胸部接触的部位，与身体接触的时机。

（四）肩部触球

1. 动作要领

两脚前后或左右站立，身体正对来球，两膝微屈，上体稍后仰，当球距肩部约10cm 时，两臂自然微屈，两脚稍用力向后拉、前摆，用肩部将球弹起。

2. 重点

球与肩部接触的部位，全身协调配合。

（五）头部触球

1. 动作要领

两脚前后或左右站立，身体正对来球，两膝微屈，上体稍后仰，当球距头部前方约 10cm 时，两脚蹬地，收腹屈体，同时颈部稍紧张向前摆头，用前额正面将球弹起。

2. 重点

球与前额接触的部位和时机。

情境运用

除了毽球，还有哪些球类运动可以用头部触球？具体动作是什么？

（六）练习方法

1. 徒手模仿练习，体会基本动作。

2. 自抛自触练习。

3. 双人互抛触球练习。

4. 双人对踢触球练习。

5. 结合踢球进行以上练习。

五、发球技术

发球既是比赛的开始动作又是一项进攻技术，既可以直接得分又能破坏对方一传，为防守和反击创造条件。发球的时候可以采用盯人、找空、压后、吊前等手段。

（一）脚内侧发球

1. 动作要领

身体和球网约成 45°站立，左脚在前与端线约成 45°，右脚在后与端线平行站立，膝关节微屈；左手将球垂直抛起于体前，距离身体约一臂远，身体重心前移至左脚上，右腿以髋关节为轴，屈膝外转，脚掌与地面平行，小腿迅速前摆，用脚内侧将球击出（图 16-6）。

图 16-6　脚内侧发球

2. 重点

球与脚内侧接触的部位，全身协调用力。

（二）脚正面发球

1. 动作要领

身体面对网站立，左脚在前右脚在后，两膝微屈，上体稍前倾，重心落在两脚间，左手持球于腹前；左手垂直将球抛于体前，距离身体约一臂远，抛球同时，重心前移到左脚上，右脚迅速蹬地、屈膝，小腿后屈，尽量靠近大腿，击球瞬间，小腿迅速前摆，脚面绷直，用脚背正面将球击出（图 16-7）。

图 16-7　脚正面发球

2. 重点

球与脚背正面接触的部位，全身协调用力。

（三）脚外侧发球

1. 动作要领

将球抛于脚前，抬腿，脚踝内转，脚外侧发力将球击出（图 16-8）。

图 16-8　脚外侧发球

2. 重点

球与脚面接触的部位，全身协调用力，脚外侧加力击球。

（四）侧身正脚背发球

1. 动作要领

　　侧对球网，用左脚在前的准备姿势将球轻抛起，左脚支撑，向左转体，然后右腿向前上方抬膝、送髋，用正脚背将球击发或削发到对方场地（图 16-9）。

图 16-9　侧身正脚背发球

2. 重点

上步摆腿，击球转身，落地缓冲，顺势随前。

（五）练习方法

1. 徒手模仿练习，体会基本动作，掌握全身协调发力。

2. 持球发球练习，体会球与脚接触的部位。

3. 对墙发球练习。

4. 隔网发球练习。

5. 指定发球区域的各种发球练习。

六、传球技术

（一）脚内侧传球

1. 动作要领

身体稍向前微屈，注视来球，大腿带动小腿，脚内侧端平，用脚弓将球向上或前上方传出。

2. 重点

脚内侧端平与地面平行，全身协调用力。

（二）侧面传球

1. 动作要领

将击球点放在体前，找好支撑点，身体向左晃，将球传向右边。

2. 重点

踝关节侧屈，脚面绷直，全身协调用力。

（三）背向传球

1. 动作要领

判断好球的飞行方向，迅速移动到球的落点处，背对出球方向，找好支撑点，大腿带动小腿用力上摆，用脚背将球向后上方抬送。

2. 重点

踝关节背屈，脚面绷直，全身协调用力。

（四）练习方法

1. 传不同高度球练习。

2. 传不同方向球练习。

3. 两人对传球练习。

4. 网前传球练习。

七、进攻技术

（一）正倒勾攻球

1. 动作要领

背向网平行站立，右腿蹬地起跳，左腿屈膝上摆，摆到最高点时，左腿迅速下摆，同时右腿屈膝，大腿带动小腿用力上摆，当球下落到头的前上方时，小腿快速用力摆动，击球瞬间，脚腕抖屈，用脚趾跟部以上部位将球击过网，两腿顺势依次缓冲着地，保持身体平衡。

2. 重点

球与脚接触的部位，击球时机与全身协调配合。

（二）外侧倒勾球

1. 动作要领

背向网平行站立，右腿蹬地起跳，左腿屈膝上摆，摆到最高点时，左腿迅速下摆，同时右腿屈膝，大腿带动小腿用力上摆，当球下落到头的前上方时，小腿快速用力摆动，击球瞬间，右腿向外侧摆动，同时脚腕抖屈，用脚趾跟部以上部位将球在身体外侧击过网，两腿顺势依次缓冲着地，保持身体平衡。

2. 重点

右腿向内侧斜前上方摆动，击球时机与全身协调配合。

（三）内侧倒勾球

1. 动作要领

背向网平行站立，右腿蹬地起跳，左腿屈膝上摆，摆到最高点时，左腿迅速下摆，同时右腿屈膝，大腿带动小腿用力向内侧斜前上方摆动，当球下落到头斜前上方时，小腿快速用力摆动，击球瞬间，脚腕内翻抖屈，用脚趾跟部以上部位将球在身体内侧击过网，两腿顺势依次缓冲着地，保持身体平衡。

2. 重点

右腿内侧斜前上方摆动，击球时机与全身协调配合。

（四）直腿踏球

1. 动作要领

面向网站立，左脚向前迈出一步支撑身体或跳起腾空，右腿迅速上摆，当球下落到前下方时，击球瞬间，展髋、展腹，脚面绷直，扣脚趾，快速收小腿，用前脚掌将球击过网（图 16-10）。

图 16-10　直腿踏球

2. 重点

球与脚掌接触的部位，快速收小腿的动作，击球时机与全身协调配合。

（五）屈腿踏球

1. 动作要领

面向球网站立，左脚向前迈出一步支撑身体或跳起腾空，右腿迅速上摆，当球下落到前下方时，击球瞬间，大腿带动小腿加速上摆，踝关节放松，小腿带动脚掌快速向下做鞭打动作，将球击过网。

2. 重点

击球时的鞭打动作，击球时机与全身协调动作。

（六）头部攻球

1. 动作要领

身体正对来球，在限制线后原地或者跳起，身体后仰成反弓，当球下落到头的前上方时，收腹屈体，上体快速前摆，用前额将球击过网（图 16-11）。

图 16-11　头部攻球

2. 重点

球与前额接触的部位，击球时机与全身协调配合。

（七）练习方法

1. 徒手模仿练习，体会基本动作。

2. 踢悬挂球练习。

3. 打手靶练习。

4. 自抛自攻（勾、踏、头）练习。

5. 一抛一攻（勾、踏、头）练习。

6. 自传自攻练习。

7. 一传一攻（勾、踏、头）练习。

八、防守技术

（一）单人拦网

1. 动作要领

面向球网，距球网约 20cm，双脚平行站立，约与肩同宽，稍屈膝，重心落在两脚间，收腹，上体稍前倾，两臂自然屈于体侧，注视来球，准备起跳拦网。对方攻球时，两脚用力蹬地跳起，两臂收拢自然下垂于体侧，提腰、收腹、挺胸堵击球，击球后身体下落，两脚掌先着地，屈膝缓冲，衔接下一个动作。

2. 重点

收腹挺胸，起跳时机。

（二）双人拦网

1. 动作要领

判断好对方击球点，双人在网前滑步选准位，同时起跳，提腰、收腹、挺胸堵击球，击球后身体下落，两脚掌先着地，屈膝缓冲，衔接下一个动作。

2. 重点

起跳时机，拦正面，挡侧面。

（三）练习方法

1. 徒手模仿练习，体会基本动作。

2. 单人或双人接手拍球拦网练习。

3. 一攻手采用勾球方式进攻，单人或双人拦网练习。

4. 一攻手采用踏球方式进攻，单人或双人拦网练习。

情境运用

还记得排球的拦网技术吗？描述排球拦网的技术动作，并进行练习。

第二节 毽球的基本战术

一、进攻战术

（一）一二配备

场上三名队员中，有一名主攻手和两名传球手的组合形式。它是最基本的阵容配备，适用于最初阶段的比赛战术。

（二）二一配备

场上三名队员中，有一名主攻手、一名副攻手和一名传球员的组合形式。这种形式适用于场上有勾球手、踏球手各一人以及一名二传手的阵容配备。

（三）三三配备

场上三名队员都既能攻球又能传球的组合形式。这种阵容配备是最先进的进攻战术配备，是现在国内众多高水平队伍都采用的一种阵容配备。

二、防守战术

（一）"马蹄"形防守

三名队员在场上成"马蹄"形站位防守。

（二）一拦二防

场上三名防守队员中，有一名队员在网前拦网，另两名队员在他身后两侧站位防守。

（三）二拦一防

场上三名防守队员中，有两名队员在网前拦网，另一名队员在中间后方站位防守。

第十七章 民族健身舞

"你是我天边最美的云彩，让我用心把你留下来，悠悠地唱着最炫的民族风，让爱卷走所有的尘埃……"还记得这首《最炫民族风》吗？广场舞爱好者们纷纷选用这首歌作为伴乐，几乎一夜之间，全国的广场上都能听到这首歌。除了它动感的旋律，这首歌广为流传的另一个原因在于它的歌词贴近生活。我国是一个多民族国家，在广袤的中华大地上生活着 56 个民族，其中 55 个少数民族在长期的生产和生活中创造了一千多种具有浓郁民族风格与特色的民族舞蹈。

远古时期，各少数民族或族群部落对体育健身概念没有完整的认知，他们所从事的"体育"只是其对生产方式和生活状态的真实反映，不管在什么情境下，只要高兴了就载歌载舞。现在少数民族的体育活动和舞蹈还保持着早期民族特色，或将舞蹈直接作为体育活动，或让舞蹈融入体育活动中。

知识引领

竹竿舞和巴山舞是民族健身舞的典型，它们因动作优美、运动量适中而受到广大体育教师的喜爱和重视，被引入学校体育教学中，并不断被创编，丰富了学校体育教学，同时也通过学校体育普及获得了发展。了解竹竿舞和巴山舞的形式，学习竹竿舞和巴山舞的动作技术，我们可以体会民族舞蹈的健身价值、娱乐价值和历史文化价值，感受其中的韵律美，并通过民族舞蹈领略少数民族的风土人情和精神风貌，使民族舞蹈成为日常体育活动的形式之一。

第一节　竹竿舞

　　在我国海南岛上有一个生活了 3000 多年的世居民族——黎族，勤劳聪慧的黎族人民在长期的生产活动中创造了织锦、刺绣、纹饰等灿烂的文化。其中，由打柴舞演变而来的竹竿舞，不仅是黎族富有浓郁乡土气息的民间体育活动之一，而且是家喻户晓的文化名片。逢年过节，黎族同胞便欢聚在广场上，跳起具有民族特色的竹竿舞。8 根竹竿平行排放成 4 行，竹竿一开一合，随着音乐鼓点的节奏，不断变换图案和阵形。4~8 名男女随着或快或慢的音乐节奏，在交叉的竹竿中跳跃。当竹竿分开时，双脚或单脚巧妙地落地，不等竹竿合拢又急速跃起，并不时地变换舞步。他们一边跳一边由小声到大声地喊着"哎—喂、哎—喂"，充满着乐趣。（图 17-1）

图 17-1

　　竹竿舞根据摆竿的不同有如下几种跳法。

1. 一般跳法

　　竹竿舞的器材由 10 根竹竿组成，2 根较粗的竹竿叫主竿，摆在两侧，其他 8 根竹竿横放在 2 根主竿上。8 根竹竿与相邻的两个主竿为一组，由两人在竹竿两侧双手持竿操作，分为一、二、三和四号竿位。靠近起点一侧的为一号竿，依次往下排为二、三、四号竿。准备时，一、三号竿位竹竿合，二、四号竿位竹竿开。（图 17-2）

图 17-2

2. 井字跳法

由 10 根竹竿组合而成，竹竿两两合一摆成井字形，纵向两组竹竿与主竿重叠。（图 17-3）

图 17-3

知识窗

　　竹竿舞源于打柴舞。打柴舞是一种巫舞，或称护尸舞，依托黎族民间丧葬活动而存在，其主要社会功能围绕宗教祭祀，蕴含着祭祖、颂祖的意思。自中华人民共和国成立以来，随着丧俗的简化和汉化，打柴舞从严肃的丧葬祭祀活动走向黎族人民日常的喜庆庆祝活动之中，从原初的巫舞发展为娱舞，成为黎族人民自娱自乐、增进男女友谊的游戏和健身活动。

　　1957 年，海南舞蹈工作者对打柴舞进行改编整理，进京参加少数民族文艺会演，被誉为"五指山艺术之花"。之后工作者又到罗马尼亚、日本等多个国家演出，被誉为"世界罕见的健美操"。从此，打柴舞被搬上舞台。经过舞台艺术加工后，其舞具用青翠的竹竿代替了红色的木柴，名称也由"打柴舞"改为"竹竿舞"。

3. 米字跳法

由 10 根竹竿组成，其中 8 根竹竿组成四队摆成米字，其余两根主竿放在两旁，作为方便敲竿的垫助物。（图 17-4）

图 17-4

情境运用

同学们在学习跳竹竿舞的同时有没有尝试打竿？试着总结一下打竿的方法和注意事项。只有同学之间相互配合，轮换进行打竿，才能让大家一起沉浸在竹竿舞的快乐之中，让所有同学都体会到竹竿舞的乐趣。

第二节　巴山舞

巴山舞起源于素有"歌舞之乡"之称的长阳土家族自治县，是在跳丧舞的基础上改编而来的。跳丧舞又叫跳撒叶尔嗬、跳丧鼓，是土家族古老的丧葬仪式歌舞（图17-5）。据有关史料记载："家有亲丧，乡邻来吊，至夜不去，曰伴亡。于柩旁击鼓，唱俚歌哀词。"无论哪家有老人去世，村民闻讯而至，通宵达旦，"人死众家丧，一打丧鼓二帮忙"，"打不起豆腐送不起情，跳一夜丧鼓陪亡人"。在死者面前高歌狂舞，是土家人祭奠亡人、安慰生者的一种特殊方式。

图 17-5

在土家族聚居的长阳，有一位国宝级人物几乎人人皆知，他的名字叫覃发池。由于巴山舞这种民间艺术形式只能在老人去世的特殊场合下才出现，它的表演、表现范围受到了极大限制。20 世纪 80 年代，覃发池等民间舞蹈工作者对这个优秀的民族民间艺术形式进行了大胆的创新，融进了土家族流传的另一种喜庆歌舞"花鼓子"的基本动作，选择民间音乐作为舞曲，编制出一套适合于群众自娱自乐的舞蹈，巴山舞由此正式走向世界。

从跳丧舞到长阳巴山舞，变祭礼性舞蹈为群众自娱性舞蹈，在结构上打破原始跳丧的旧程式和流行区域的界限，选用 6/8 拍为主要节奏，组合成风摆柳、半边月、喜鹊登枝、转转梅、百凤朝阳等动作种类，姿态各异，但都具有身体上下颤动和胯部左右摇摆的特色。（图 17-6）

图 17-6

知识窗

巴山舞的发展

1979年，在长阳乐园"首届七一文化节"上，巴山舞的雏形单鼓舞初露端倪，得到专家和群众的认可。同年，覃发池创办了由12人参加的单鼓舞培训班，为鼓励学员学好单鼓舞，他还送每人一条毛巾。

1985年，湖北电影制片厂摄制电影纪录片《锦绣长阳》，巴山舞走上了银幕。

1987年，《人民日报》《光明日报》刊发文章高度赞扬了巴山舞这种新型的群众自娱性舞蹈。

1991年，编印出版了《长阳巴山舞》一书。同年，巴山舞作为表演项目，参加了在广西南宁举办的"第四届少数民族传统体育运动会"。

1997年，巴山舞赴香港演出，《欢乐的华兹卡》引起港人的浓厚兴趣。

2000年，长阳巴山舞荣获第十届全国"群星奖"广场舞蹈的金奖。

2001年，宜昌市第一届巴山舞教练培训班在长阳举办，同时将巴山舞列为市第一届运动会正式比赛项目。

2002年，湖北省体育局在宜昌举行首届全省长阳巴山舞表演赛，来自全省各地20支代表队500多名运动员参赛。

2003年，体育健身舞型的长阳巴山舞改编定型，正式向全国推广，成为全国十大广场健身舞之一。

2004年，在全国妇联举行的第二届"亿万妇女健身活动展示大赛"上，长阳巴山舞获得金奖。

2005年，由农业部、国家体育总局主办的"亿万农民健身活动展示大赛"在福建举行，长阳巴山舞获得金奖和全国优秀全民健身项目一等奖，并被确定为全国全民健身研发推广首选项目。

2008年，国家体育总局将巴山舞作为一种全民健身舞蹈向全国推广。

2010年，湖北宜昌许多学校开始组织学生学习巴山舞。

2012年，湖北宜昌开始推广第二套巴山舞健身操。

情境运用

结合在线学习巴山舞，试着总结出巴山舞的动作特点和规律，并为巴山舞选择合适的配乐，进行展示练习。

Part 6

团队拓展篇

第十八章

集体游戏

"好慢啊，平时多运动运动不就好了？"我正在责怪坡下的队友时，却发现这样一个情况：二班的小张正拽着同年级五班小李的手，协助他翻过一个土坡。我很诧异，虽说平时他俩是不错的朋友，但在体育比赛中他们两个班一向是"死敌"，今天的定向比赛怎么会出现这样的景象呢？体育比赛永远是以竞争为目的的，但我们不能忘记这样一句名言"友谊第一，比赛第二"。想到这里，我也回到坡下协助我的队友。欣喜之余，我想再加两句话："团结协作，永争第一！"除了娴熟技术的掌握，团结协作的精神在集体游戏中起着重要作用，它能够促使每个学生发挥出巨大的潜力，并进行自我反思，获得感悟，在解决问题和应对挑战的过程中，达到锻炼团队、磨炼意志、净化心灵、培养合作意识的目的。

知识引领

身处社会之中，我们不可能断绝与他人的交往，与他人沟通合作是每个人必须掌握的生存技巧。集体游戏可以使我们在欢愉的氛围里感受人与人之间的信任，学会如何与他人交流。掌握集体游戏中经典项目的游戏规则或比赛方法，可以让我们体验团队的伟大力量，树立相互配合、相互支持的团队精神和群体合作意识。

第一节 车轮滚滚

一、车轮滚滚的基本条件

报纸或布条（图 18-1）、胶带，可同时容纳多个参赛团队的场地。

图 18-1

二、车轮滚滚的游戏方法

若干人一组，利用报纸或布条制作一个可以容纳全体团队成员的封闭式圆形滚轮。

第一种方法：所有人站在封闭的滚轮中，双手上举，使滚轮立起来，然后边走边滚动大圆环，活动起来，整个队伍的形状就如同一个正在前进的车轮履带。

第二种方法：所有人跪撑在封闭的滚轮中，用背部将滚轮顶起，然后边向前爬行边滚动大圆环，活动起来，整个队伍的形状就如同一个正在前进的车轮履带。

每个小组的速度和成败不取决于这个圆环有多结实，而取决于大家脚步的一致性。

情境运用

自制圆形滚轮，你们小组打算拿什么制作圆形滚轮？哪种材料制作成的圆形滚轮更结实？为什么？

三、车轮滚滚的练习方法

1. 两人车轮滚滚向前走练习，体会动作整齐划一，相互配合。

2. 3 人、4 人或 4 人以上车轮滚滚配合练习，整齐向前走，体会步调一致。

3. 单组挑战自我，单组用最少的时间来通过固定的距离。

4. 多组车轮滚滚竞技比快练习，体会竞赛中提高竞技速度的技巧。

5. 进行弯道走、转弯跑的车轮滚滚练习和竞赛。

注意所有比赛都是以车轮全部通过终点线为任务完成。在行进过程中所有队员的双脚不可以踩到圆环以外的地面，同时移动过程中需保证圆环完好无损，如中途破坏或断裂需立即停止进行修复，原地修好后才可继续前进。活动结束后回收报纸等物品，注意环保。

易犯错误： 车轮不稳，车轮难以加速或加快速度后出现队员摔倒的情况。

纠正方法： 比赛过程中把体力最好的队员放在最后面，队员们脚步要慢，手要快，以免都挤在最前面。加速和转弯时队员之间要相互暗示；出现车轮破损等意外情况时，队员之间要互相鼓励并积极应对。

第二节　板鞋竞速

一、板鞋竞速的基本条件

板鞋竞速在标准的田径场地上进行，场地线宽均为 5cm，跑道分道宽

2.44～2.50m。以三人板鞋为例，比赛板鞋由长100cm、宽9cm、厚3cm的木料制成，每只板鞋配有3块宽度为5cm的护足面皮作为鞋套，分别固定在板鞋规定的距离上，护皮以套紧脚面为宜。第一块护皮前沿距板鞋前端7cm，第二块护皮在第一块护皮与第三块护皮的中间，第三块护皮后沿距板鞋末端15cm（图18-2）。

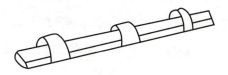

图18-2

二、板鞋竞速的游戏方法

（一）游戏预备

3人将脚套进板鞋的鞋套，第2名和第3名队员分别手扶在前面队员的腰部或肩部。

（二）原地踏步—向前走—快速跑

3人都穿好鞋后，1人或一齐喊口令"1、2、1"或"左、右、左"原地踏步，步调一致。熟练后，自然向前走，再慢慢过渡到自然跑、快速跑，提高速度。

（三）弯道走—弯道跑

以左转为例，保持身体重心稳定，克服转弯时的倾斜度，走动时整个身体稍向内倾斜，右臂摆动幅度稍大且稍向外，左臂摆幅稍小，右脚前抬时稍向内扣，用前脚掌的内侧扣紧板鞋，左脚稍向外，脚外侧稍用力。自然向前走，再慢慢过渡到自然跑、快速跑，提高速度。在转弯后整个身体逐渐过渡到正常姿势，快速向前跑。

（四）终点冲刺技术

板鞋竞速接近终点时目视前方，上体要稍前倾，两小腿惯性前摆，积极带动两脚前抬加大幅度，快速向前摆动，冲过终点线。

三、板鞋竞速的练习方法

练习板鞋竞速的重点是穿板鞋行走时脚步的协调性。练习应注意循序渐进，由易到难，先练原地踏步走，后练慢走、行进间走、竞走、急停、起跑、变速走、弯道走和弯道跑，最后练快速跑。

1. 模拟穿板鞋踏步练习，体会原地踏步、攀肩、扶腰、摆臂动作。

2. 两人板鞋配合踏步向前走练习，体会动作整齐划一。

3. 3 人、4 人或 4 人以上板鞋配合练习，整齐向前走，体会步调一致。（图 18-3）

图 18-3

4. 2~3 人板鞋竞走比快练习，体会不脱板的踏步向前走。

5. 2~3 人板鞋分组竞技比快练习，体会竞赛中提高竞技速度的技巧。

6. 结合板鞋进行弯道走、转弯跑的基本技术练习，提高全程竞技速度。

7. 根据练习的要求变化形式，手持器械（球或其他物品）进行趣味性的对抗练习，提高动作的灵敏性，培养良好的心理素质。

易犯错误：穿板鞋不稳，左、右脚节奏性差，抬脚高度不够，步伐不整齐，转弯时重心不稳，起步不统一，造成队员脱板或摔倒。

纠正方法：集中思想，1 人或 3 人一起喊"1、2、1"或"左、右、左"，全板队员动作协调、整齐划一；加速和转弯时队员之间要相互暗示；出现脱板时要互相鼓励，全队队员要充满信心，争取胜利。

知识窗

板鞋运动多以三人板鞋形式为主，是广西河池地区壮族民间的传统竞技类体育项目。板鞋运动起源于明朝。明朝时，倭寇侵扰我国东南沿海，广西士官瓦氏夫人领旨曾率壮族士兵"狼兵"赴江浙一带抗击倭寇。瓦氏夫人为让"狼兵"步伐整齐，步调一致，令每三名士兵同穿一副木板鞋，并进行齐步跑的练习。经过长期训练，士兵的素质大大提高，而且令行禁止、纪律严明，在战斗中所向披靡，为国家立了大功。河池下辖的那丹地区的壮族群众，在民间效仿瓦氏夫人的"同步"练兵法，逐渐发展为一项具有浓厚民族特色的传统体育项目。

明嘉靖年间，那丹州罗武杰领兵赴江浙抗击倭寇，便采用了木枷锁来训练"狼兵"，三人成一伍，九人成方形，只能前进不能后退。于是，当地盛传此练兵方式为"三人穿板鞋"。

2006年，板鞋竞速（三人）被国家民族事务委员会、国家体育总局批准列为全国少数民族传统体育运动会的正式竞赛项目。2007年，板鞋竞速在广州举办的第八届全国少数民族传统体育运动会上进行了首次比赛。

第三节 齐心协力

一、齐心协力的基本条件

发令枪、长杆若干根、标志旗或低障碍物若干副，长度为30～40m可同时容纳多个参赛团队的场地。

二、齐心协力的游戏方法

各组学生横排站立，共持一个长杆置于腹前，准备好后开始共持长杆奔跑，跑到中间的标志旗时，按逆时针方向做集体绕旗杆动作（形似旋风），绕过标志旗后继续向前跑，跑到第二个标志旗时，按顺时针方向做集体绕旗杆动作，绕过标志旗后，往回跑。（图18-4）

图 18-4

三、齐心协力的练习方法

1. 两人配合齐心协力旋风跑。

2. 3人、4人或4人以上配合齐心协力旋风跑。（图18-5）

图 18-5

3. 齐心协力旋风障碍跑，在奔跑途中根据学生能力设立低障碍，要求学生集体跳过低的障碍物，熟练后可进行障碍赛。

4. 齐心协力旋风接力赛，各队学生在比赛场地一端的起点线后集体站立，听到"各就位"的口令后，各队第一组学生横排站立，准备参加比赛。听到枪声后，各队的第一组学生开始共持长杆奔跑，第一组学生跑回起点线后，第二组学生接过长杆继续赛跑，以此形成接力。待各队全体同学都跑完后，比赛结束，以结束的顺序（也可以以时间）为名次，决定胜负。（图18-6）

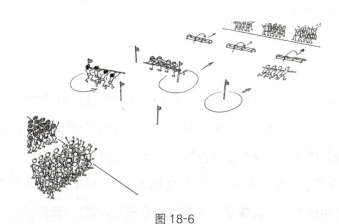

图 18-6

情境运用

　　齐心协力游戏之后，小兰和同组的伙伴闷闷不乐，一问才知道，小兰这组每次玩这个游戏都是最后一名，大家都不知道是什么原因，也不知道怎样才能跑得更快，你能帮他们想出办法吗？

易犯错误： 外侧学生不能与内侧学生速度保持一致。

纠正方法： 此种情况往往是由于内侧学生速度过快，外侧学生跑动距离大，不能与内侧学生速度一致，因此需要很好的团队配合，多进行团队演练。

情境运用

　　在进行齐心协力这项游戏时，你还发现了哪些容易犯的错误？告诉大家你想到的纠正方法。

第 十九 章

拓展运动

拓展运动是以大自然为场地或在人工的特定设施下进行的带有探险和体验性质的体育运动项目群，其以体验、经验分享形式出现，打破了传统的锻炼模式，精心设置系列新颖、刺激的情境。拓展运动不断发展，备受推崇，逐渐被列为教育培训的指定课程内容。1999 年，清华大学率先将体验式培训引入 MBA、EMBA 的教学体系中。

对于年少的中职生，带着智慧，以游戏的方式投入拓展运动当中，放飞心情、锻炼体魄、磨炼意志、升华友谊，生活会因此而更加美好。这就是拓展运动带来的惊喜。

知识引领

拓展运动好比一艘小船驶离平静的港湾，义无反顾地投向未知的旅程，去迎接一次次挑战。让我们从了解校园定向、室内攀岩和户外登山的基本装备开始，掌握校园定向、室内攀登和户外登山的基本技术方法，熟悉锻炼方法，了解这些拓展运动的起源和发展，增强进行拓展运动的意识，体验对自我的挑战，实现自我的愉悦和成就感。

第一节 校园定向

定向运动是国际承认的奥林匹克体育运动项目。在定向运动比赛中，一般都需要一张专用的定向地图。上面标绘有比赛路线，它包括一个起点（等边三角形），并从起点开始，用连线将检查点按序号连起来，直到终点。学生手持检查卡，由起点开始，按顺序到访比赛路线上的各个检查点（用一个橘黄和白色的点标旗标记出来），并在检查卡上留下打卡器的编码（每个检查点上都有一个或多个带有唯一编码的打卡器），直到终点完成比赛。校园定向是定向运动的形式之一。

一、校园定向的基本装备

（一）地图

校园定向所使用的地图是建立在地形图基础之上的，根据国际定向联合会制定的《国际定向运动图制图规范》绘制而成的运动地图。它是一种更易读、更清晰、更适合在野外行进中使用的专用地图。一张标准的定向越野地图上标有地图比例尺、等高线、磁北线、地物符号、图例注记等内容。

1. 地图比例尺

地图比例尺是地图上某两点之间的距离与相应的实际两地之间的水平距离之比。即地图比例尺 = 图上距离 / 实地距离。对于图幅相等的地图，比例尺越大，其图幅所包括的实地面积就越小，地图上显示的实地地形内容就比较详细。

2. 等高线

等高线即地图上海拔高度相同的各相邻点所连接的闭合曲线。地图上的每条等高线既描绘出了地貌的水平轮廓，也表示出了地貌的起伏。在同一条等高线以上，等高线多，山高，等高线少，山低；等高线稀，坡缓，等高线密，坡陡。在同一地图上，等高线间隔大，坡缓；等高线间隔小，坡陡。

3. 磁北线

磁北线是地图上表示地磁的方向线，一般用黑色、红色或蓝色的平行线表示。它不仅可以标定地图的方向、测量目标的方位角，还可以概略地判明行进路线的方向和距离。

4. 地物符号

地物符号是代表地物的标志符号，由符号和颜色组成。地物符号分为面状符号（图19-1）、线状符号（图19-2）和点状符号（图19-3）。颜色主要表示事物的差异，区分事物的重要程度。例如，用同一颜色的深浅表示数量的变化。

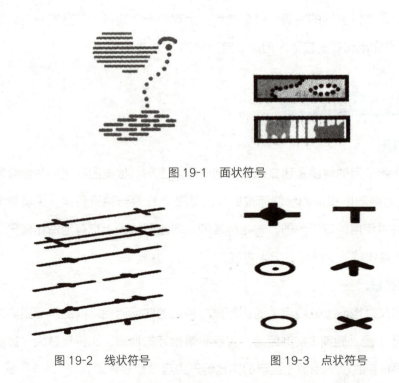

图 19-1　面状符号

图 19-2　线状符号　　　　　　图 19-3　点状符号

5. 图例注记

图例注记可以帮助理解所表示的事物，它采用国际语言符号，所有符号全球通用。（图19-4）

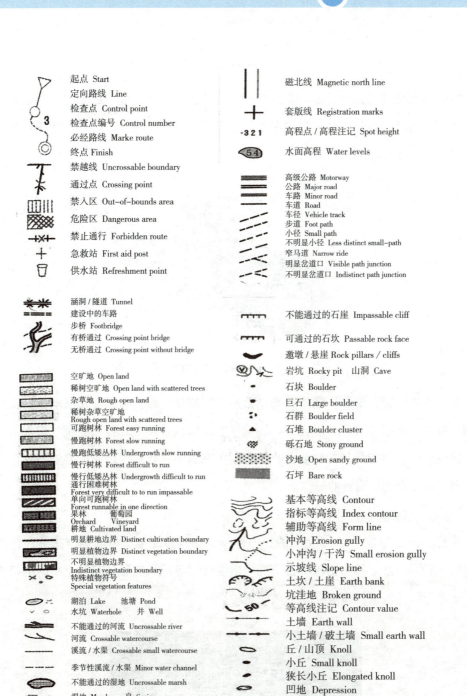

起点　Start
定向路线　Line
检查点　Control point
检查点编号　Control number
必经路线　Marke route
终点　Finish
禁越线　Uncrossable boundary
通过点　Crossing point
禁入区　Out-of-bounds area
危险区　Dangerous area
禁止通行　Forbidden route
急救站　First aid post
供水站　Refreshment point

涵洞 / 隧道　Tunnel
建设中的车路
步桥　Footbridge
有桥通过　Crossing point bridge
无桥通过　Crossing point without bridge

空旷地　Open land
稀树空旷地　Open land with scattered trees
杂草地　Rough open land
稀树杂草空旷地
Rough open land with scattered trees
可跑树林　Forest easy running
慢跑树林　Forest slow running
慢跑低矮丛林　Undergrowth slow running
慢行树林　Forest difficult to run
慢行低矮丛林　Undergrowth difficult to run
通行困难树林
Forest very difficult to to run impassable
单向可跑树林
Forest runnable in one direction
果林　　　葡萄园
Orchard　　　Vineyard
耕地　Cultivated land
明显耕地边界　Distinct cultivation boundary
明显植物边界　Distinct vegetation boundary
不明显植物边界
Indistinct vegetation boundary
特殊植物符号
Special vegetation features

湖泊　Lake　　池塘　Pond
水坑　Waterhole　　井　Well
不能通过的河流　Uncrossable river
河流　Crossable watercourse
溪流 / 水渠　Crossable small watercourse

季节性溪流 / 水渠　Minor water channel
不能通过的湿地　Uncrossable marsh

湿地　Marsh　　泉　Spring
细沼　Narrow marsh
季节性湿地　Indistinct marsh

特殊水体符号　Special water feature

磁北线　Magnetic north line

套版线　Registration marks

-321　高程点 / 高程注记　Spot height

54　水面高程　Water levels

高级公路　Motorway
公路　Major road
车路　Minor road
车道　Road
车径　Vehicle track
步道　Foot path
小径　Small path
不明显小径　Less distinct small-path
窄马道　Narrow ride
明显岔道口　Visible path junction
不明显岔道口　Indistinct path junction

不能通过的石崖　Impassable cliff

可通过的石坎　Passable rock face

邀墩 / 悬崖　Rock pillars / cliffs

岩坑　Rocky pit　　山洞　Cave

石块　Boulder

巨石　Large boulder
石群　Boulder field
石堆　Boulder cluster
砾石地　Stony ground
沙地　Open sandy ground
石坪　Bare rock

基本等高线　Contour
指标等高线　Index contour
辅助等高线　Form line
冲沟　Erosion gully
小冲沟 / 干沟　Small erosion gully
示坡线　Slope line
土坎 / 土崖　Earth bank
坑洼地　Broken ground
50　等高线注记　Contour value
土墙　Earth wall
小土墙 / 破土墙　Small earth wall
丘 / 山顶　Knoll
小丘　Small knoll
狭长小丘　Elongated knoll
凹地　Depression
小凹地　Small depression
土坑　Pit
特殊地貌符号　Special land form feature

图 19-4　图例注记

（二）指北针

校园定向使用的指北针分基板式和拇指式（图19-5）。指北针一般都是以装有磁针的透明有机玻璃盒为主体，盒内装有起稳定作用的特殊液体，能够增加磁针的稳定性，特别适宜在奔跑中使用。

图19-5　拇指式指北针

在使用指北针时要注意观察四周是否有磁性物体，避免与磁性物品同放，要远离车辆、铁器、手机或其他金属物品。切勿重摔，以免损坏指北针，使空气进入，影响其正确性。在存放指北针的时候也要注意避免充满电磁效应的地方，另外不要在阳光下暴晒，否则会减弱磁针的磁性。

（三）点标旗

点标旗由三面30cm×30cm的正方形标志旗连接组成，每面标志旗沿对角线分开（图19-6），左上部为白色，右下部为橙黄色。点标旗应悬挂在图上标明的检查点的实际地形中的位置，通常距地面80～120cm。

图19-6　点标旗

（四）打卡器

打卡器是与点标旗配合而起作用的，它给参赛者提供了一个到达位置的凭据。打卡器通常要编上代码，以便选手在比赛时根据卡座上的代码来判断其是否找到了正确的检查点。

1. 针孔打卡器

针孔打卡器用弹性较佳的塑料材料制成，一端装有钢针（图19-7）。每个打卡器钢针的组合图案都不相同。参赛者可在记录卡上打孔，也可直接将孔打在地图的记录卡上。这种打卡器价格便宜，使用方便，适用于日常教学与训练及小型比赛。

图 19-7 针孔打卡器

2. 电子打卡计时系统

电子打卡计时系统一般由指卡、打卡器和终端打印系统组成（图19-8）。

  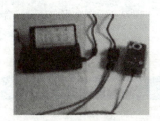

指卡　　　　　　　　打卡器　　　　　　　　终端打印系统

图 19-8 电子打卡计时系统

在使用电子打卡计时系统的定向比赛中，每个参赛者都发有一个统一编号的指卡，它可存储开始和结束时间。打卡器存储参赛者到访时的时间。当将指卡插入打卡器时，打卡器便自动将到访时间写入指卡。在比赛时，参赛者将指卡佩戴在手指上，并按以下程序进行打卡。

（1）出发前打"清除"，清除卡中原有的信息。

（2）出发时打"起点"，比赛开始计时。

（3）比赛中途按比赛要求找到每一个检查点，并在相应检查点的打卡器上打卡。

（4）回到终点在"终点"打卡，比赛结束。

（5）到主站上打卡，领取个人成绩条。

知识窗

定向越野

"定向"一词最早出现于 1886 年的瑞典，意思是在地图和指北针的帮助下，穿越未知的地带。最初的定向越野只是一项军事活动。

真正的定向比赛于 1895 年在瑞典斯德哥尔摩和挪威奥斯陆的军营区举行，标志着定向越野作为一项体育比赛项目的诞生。

1918 年，瑞典的童子军领袖吉兰特组织了一次"寻宝游戏"，给定向越野赋予了游戏的特性。从此，该活动在北欧广泛开展起来。

1932 年，举行了第一次世界定向运动比赛。

1961 年，国际定向越野联合会（IOF）在丹麦首都哥本哈根成立，确立了正式的比赛项目，制定了比赛规则和技术规范。

1992 年，国际定向越野联合会批准我国加入该组织。

二、校园定向的基本技术

（一）利用地物标定地图

1. 利用道路标定地图，即地图道路走向与实地道路走向一致。

2. 利用建筑标定地图，即地图建筑物方位与实地建筑方位一致。

（二）确定站立点与目标点

1. 利用综合分析法确定站立点，即在利用地物标定地图基础上，以地图或实地中较为明显的地物之间的方位关系来确定自己的站立点。

2．利用直线相交法确定站立点，即在利用地物标定地图基础上，以地图上某一实地地物与地图相应地物连线，与地图上另一地物和地图相应地物连线在地图上的交点，就是实地站立点在地图上的位置。

3．利用直线延长法确定目标点，即在利用地物标定地图基础上，用直尺测量地图上实地站立点与地图目标点之间的距离，再根据地图比例尺换算成实地水平距离，也就是实地目标点位置。

（三）确定前进方向

利用指北针确定前进方向是最简易、最快速的一种方法。

将指北针直尺边切于目标方向线，指北针上的方向箭头指向所要到达的位置。把指北针和地图作为一个整体，水平放置在面前，转动身体，使指北针上的红色指针与地图上磁北方向线重合或平行。指北针上方向箭头所指方向即为所要前进的方向（图19-9）。

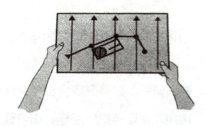

图 19-9　确定前进方向

情境运用

除了使用指北针，你还知道哪些判断东南西北的方法？和大家一起分享。

（四）正确估算距离

确定了行进的方向，还必须结合地图对目标点距离进行判断，对已跑过实际距离进行估算，才能快速而准确地找到目标点。

1. 图上距离的量算

图上距离的量算通常用直尺量读法和估算法。

直尺量读法即用直尺在图上量出站立点到目标点间的距离，再根据所给定的该地图的比例尺，计算出实地距离。用直尺量读距离一般只需用带刻度尺的指北针就可以完成。

估算法又叫心算法，要掌握它需要具备较精确的目估图上距离的能力，在图上能够辨别 0.5mm 以上尺寸的差异。

2. 实际距离的量算

实际距离的量算通常用步测法和时间法。

步测法是根据自己步伐的大小计算距离；时间法是根据自己速度的快慢计算距离。它们是实地估算距离的有效方法，但需要经过反复训练才能掌握。

三、校园定向的锻炼方法

（一）实地识图

1. 跟着老师／领队走，认知地物符号，认知比较地图上的符号在实际地形中是怎样的。

2. 沿指定路线走，保持地图定向，在沿指定路线行走时，时刻保持用指北针给地图定向。

3. 峰顶俯视，按等高线找出一片高地，站在峰顶四处环视，进行研究判断。

4. 用指北针定向找到点标，练习确定指北针的方向，并顺其而行。

5. 路线选择，找一个起点和三四个要经过的点标，点标间用多种路线进行行走练习。

（二）派对练习

2～4 人一组，其中一个人拿着地图，并决定到达点标的路线选择。其他人执图（此图上无练习标记）跟随其后，试图记住路上明显的地物地貌。当到达目的地后，跟随者必须在地图上标出他们此刻在哪里，以及是怎样到达的。然后换另外一个人选择一个新的点标，并带路。

第二节 室内攀登

室内攀登是攀岩的形式之一，是一项仅依靠手脚和身体的平衡向上攀登，或是在松弛的绳子（绳子仅仅作为一种保护手段）帮助下，克服地心引力，攀登室内人造岩壁的运动项目。它集健身、娱乐、竞技于一身，是一项刺激而不失优美的极限运动，被全球的攀登迷们称为"峭壁上的芭蕾"。

一、室内攀登的基本装备

（一）主绳

主绳应经过国际攀登联合会或欧洲标准的认证。考虑到易耗性，主绳最好不要互相转借，尽量避免接触强烈的紫外线，避免接触油类、酒精和酸性、碱性化学物品，避免接触水、冰、火或其他高温物体，避免接触尖锐的东西，如锋利的岩石、沙砾等。

每次使用前，都要检查主绳，其应该粗细均匀，无鼓包，柔软度适中，没有明显变硬或变软的地方，表皮无破损。使用时，要用绳包、绳筐或防水布垫在绳子下，不能踩、拖绳子或将其当坐垫用，以防岩屑进入绳子纤维而形成缓慢切割。避免将绳子用于其他用途，如捆扎物品、晾衣服等。使用后，解开所有的绳结并散开，存放于阴凉、干燥的通风处。绳子要避免经常清洗，如需要清洗，应使用清水冲洗。如果需要添加洗涤液，必须使用专业的洗绳液，然后风干。更换绳子时需考虑绳子承受过的冲坠次数、使用频次、磨损程度等因素。使用频次不多的绳子超过 5 年也要更换。

1. 动力绳

表 19-1 动力绳分类

类别	直径	用途	备注
单绳	9.1~11mm	用于可能会产生冲坠的攀岩。	

类别	直径	用途	备注
双绳	7.8~9.4mm	用于岩壁攀岩、器械攀岩，可有效降低因路线改变而产生的绳索摩擦，增加安全性，在下降操作时可延长双倍的下降距离。	攀岩时两根绳必须同时使用，两根绳可轮流挂入不同保护点。
半绳	8.0~8.3mm	用于易出现较大摩擦的自然岩壁，而且其单根绳的重量也是最轻的。	任何情况下两根绳必须同时使用，必须同时挂入每个保护点。

2. 静力绳

静力绳一般会有一种主色覆盖率达到80%以上，多用于下降及无冲坠下的操作。

3. 辅绳

辅绳为花色，直径多为5~8mm，较细，拉力视不同的直径而有差异，用于攀岩中的辅助保护，如保护站设置用绳、抓结用绳。

（二）安全带

安全带是攀登者和绳索之间的固定连接，可分为全身式安全带（胸式安全带）（图19-10）和坐式安全带（图19-11）。

图 19-10　全身式安全带　　　　　　图 19-11　坐式安全带

穿戴安全带时分清上下、里外、左右，避免颠倒、扭曲。根据用途选择合适的安全带，必须穿在衣服的最外层，不得有任何物件遮掩安全带，腰带和腿带必须反扣回去，反扣后的长度应大于8cm，穿好后松紧适度。在进行任何操作前，如下降等，必须再次检查安全带是否达到安全规范。攀岩过程中不能解开或调节安全带。装备挂环最多承重5kg，不能用于保护、下降等任何受力操作。

（三）铁锁

铁锁在保护系统中起连接作用，通常与扁带、安全带、绳子直接连接。根据锁门的设计，铁锁分为丝扣锁和普通锁。丝扣锁（保险锁、主锁等）（图19-12）用于相对永久的保护点连接，如保护站与主绳的连接点，在使用过程中要拧紧丝扣。普通锁（简易锁、一般锁）（图19-13）用于临时保护点。

图 19-12　丝扣锁　　　　　　　　图 19-13　普通锁

使用铁锁时，尽可能保证铁锁纵向受力，锁门开口一侧避免与绳子接触，妥善佩戴，避免从高空坠落，丝扣处如有沙砾要及时清理，受力后不得与岩石、硬物撞击，要合理选择连接位置。

（四）保护器／下降器

保护器／下降器（图19-14）是利用器械与绳子产生摩擦力，让绳子因摩擦而减速以至停止滑动，达到减速下降或停止的目的。

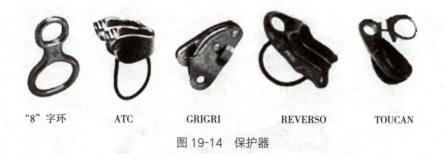

"8"字环　　　ATC　　　GRIGRI　　　REVERSO　　　TOUCAN

图 19-14　保护器

表 19-2　保护器分类

名称	优点	缺点或局限性
"8"字环	操作简便，通用性强，价格低廉。	下降时绳子容易拧在一起，易绞绳，保护过程中不能自锁。

续表

名称	优点	缺点或局限性
ATC	轻，双绳操作极为方便。	保护过程中不能自锁。
GRIGRI	能够自锁，保护时省力。	先锋攀登保护中绳子松紧度不好把握，比较重，只能用于单绳操作。
REVERSO/TOUCAN	可双绳操作，保护时扣入铁锁，可自锁，在多段攀岩中使用，更加便利。	保护时绳子容易穿错方向，致使自锁失效。

（五）上升器

上升器（图 19-15）是在单绳技术中解决向上运动的器械，在攀岩过程中起到保护作用。手柄式上升器最常用，分为左手式和右手式，适合不同用手习惯的攀岩者。

手柄式上升器　　　　胸式上升器　　　　脚式上升器　　　　便携式上升器

图 19-15

（六）快挂

形状与主锁相似（图 19-16），但不带丝扣。快挂一般成对使用，中间有扁带相连。一端扣入保护点，另一端连接安全带和主绳，构建一处临时保护点，既可以自我保护，累了的时候也可以休息。

图 19-16　快挂

（七）镁粉袋

镁粉袋系在腰间，用于存放镁粉（碳酸镁）。镁粉可以吸收手掌上的汗水，增大攀登时手部的摩擦力。

情境运用

　　李小鹏、杨威……我们熟悉的名字，在综艺节目中经常看到的面孔，曾经的他们是征战在国际赛场的体育健儿，作为体操运动员，他们在动作技能展示之前都会在手上扑满白色的粉末，你知道那是什么吗？他们为什么要把这种东西扑在手上？

（八）攀登鞋

　　攀登鞋的鞋底一般选用轻便、柔软、黏性强的橡胶，鞋面一般用皮革等轻便、耐磨的材料做成。攀登鞋有助于在岩壁上更好地使用蹬踏技术。边缘薄边的设计让脚可以踩稳很小的支撑点。

（九）头盔

　　攀岩专用头盔切忌用自行车头盔、工地头盔代替，因为在有硬物坠落、冲击力过大时，攀岩专用头盔会产生裂纹，分散重力对颈部的冲击力，有效地起到保护作用。

二、室内攀登的基本技术

（一）基本手法

表 19-3　基本手法

握	通过手掌及手指用力，将手固定在支点上。
拉	抓住正上方支点，通过上下肢协调用力，使身体重心向上移动。
抓	拇指在一侧起辅助作用，其余四个手指的指关节正向全部放入支点。
抠	通过手指指尖（第一指关节或第一、二指关节）弯曲抓住支点。
压	第一指关节抠挂住支点，第一、二指关节竖起，与支点开口方向垂直，拇指压住食指。
捏	大拇指和四指相对用力，夹住支点。
摁	靠摩擦使手掌掌面在支点上向心用力。
撑	靠摩擦使手掌掌面在支点上离心用力，即利用支点、岩壁造型或其他地形，以手掌和小臂使身体重心向上或向左右移动。
推	利用侧面、下面的支点或造型以手臂的力量使身体重心横向移动。
搂	屈手并用手掌内侧（小指一侧）与支点接触固定。

续表

戳	在抓握指洞点时，一个手指深入支点指洞内，大拇指压住其他三指。
胀	将手伸进造型缝里或两个支点之间，用弯曲手掌或握拳，通过手与造型裂缝的摩擦固定住手，使身体重心向上或向左右移动。

（二）基本脚法

1. 脚尖正踩点

脚尖踩点，脚趾并拢用力，重心放于脚上承担。

2. 脚尖外侧踩点

脚的小拇指用力，脚外侧贴近岩壁。

3. 脚尖内侧踩点

脚的大拇指用力，脚内侧贴近岩壁。

4. 踩摩擦点

在斜坡或造型板上，通过脚前掌与岩面的摩擦，踩住并固定住脚。

5. 脚尖钩点

用脚尖钩住点，通过膝关节的向回收力，钩住身体。

6. 脚尖挂点

将脚尖挂在支点上部，垂直地面用力，钩住身体。

7. 脚跟钩点

用脚后跟钩住点，通过膝关节的向回收力，钩住身体。

8. 脚跟挂点

将脚后跟放于点上部，挂住支点，通过挂脚，下肢向下用力，挂住身体。

9. 胀脚

在裂缝攀岩中，通过脚尖的旋转使脚在裂缝中固定。

（三）基本动作

1. 单点动作

（1）引体抓点。

双手抓握支点，依靠上肢的力量做引体向上，快速抓住下一个支点。适用于目标点、支点较大，两点距离不远时。

（2）单点钩挂。

脚跟挂住两手抓握的单点，通过脚跟钩挂减轻上肢负担，使手更容易抓住下一个点。适用于目标点、支点较大，两点距离较远时。

（3）膝挂肘。

将膝关节至大腿根部挂入另一侧手臂的肘关节，通过身体旋转、固定来提高身体重心，从而抓住下一个支点。适用于抓握点大，目标点不大，两点距离较远时。

（4）空中换手。

单手抓点，另一只手叠加于抓握手上，通过快速引体，身体重心快速向上移动，在重心移动到抛物线顶端时，快速抽出抓握手，抓握手和叠加手位置互换，控制住重心，避免重心向下。适用于抓握点只能单手抓握，而又需要换手时。

（5）单腿平衡。

脚尖或脚跟踩点，踩点脚弯曲，身体重心全部移到支撑脚上；另一只脚直放于脚点侧面，紧贴岩壁。通过身体重力和脚对脚点的摩擦力，身体平衡于脚点上。适用于岩壁角度小，脚点较大，休息时。

2. 两点动作

（1）两点纵向排列。

侧身蹬拉起身：对侧手脚使用。脚外侧贴近岩壁，身体重心处于手抓点下方。通过腿脚的蹬起及髋关节、腰部、躯干的旋转，身体重心向上移动。当到达脚蹬发力抛物线的最高点时，上肢发力把重心拉引向目标点。适用于下方支点位于手抓点正下方区域，手抓点抓握方向向上，目标支点位于手抓点正上方较近区域时。

斜身侧拉：身体倾斜，对侧手脚使用。通过腿脚的蹬起及髋关节、腰部、躯干的旋转，身体重心向上移动。当达到脚蹬发力抛物线的最高点时，上肢发力把重心拉引向目标点。适用于下方支点和目标点位于手抓点两侧不同区域，手抓点抓握方向向上或向左右两侧时。

拧拉：对侧手脚使用。脚内侧贴近岩壁，通过膝关节的拧屈，固定重心，上肢推拉抓住目标点。适用于下方支点和目标支点位于手抓点同侧区域，手抓点抓握方向向上或向脚点方向一侧，目标支点距离手抓点较近时。

挂脚顶胯：对侧手脚使用。通过膝关节的发力，身体重心向脚点上方移动，当达到脚发力移动重心的极限时，上肢推动重心接着移动，直至身体重心移动到脚点正上方的平衡位置，上下肢同时发力，把身体重心推向目标点。适用于下方支点和目标支点位于手抓点同侧区域，手抓点抓握方向向上或向脚点方向一侧，下方脚点和目标点距离手抓点较远时。

换手：通过重心的移动，依次替换出抓握手，替换次序为无名指换抓握手的食指，中指换抓握手的中指，食指换抓握手的无名指。适用于脚点位于手抓点下方区域，抓握点较小，需要换手的地方时。

内侧腿平衡：同侧手脚使用。没有踩点的脚悬放于踩点脚内侧，使身体重心保持平衡。适用于抓握点和脚点在同一侧且距离较近，目标点在另一侧时。

外侧腿平衡：同侧手脚使用。没有踩点的脚悬放于踩点脚的外侧，使身体重心保持平衡。适用于抓握点和脚点在同一侧且距离较近，目标点在另外一侧时。

蹿跃：两手抓点，一脚踩点，另一只脚踩住高于脚点的岩壁位置。上下肢瞬间爆发式用力，使重心大幅度提高，手脚离开岩壁，飞跃到目标点。适用于下方支点位于手抓点正下方区域，手抓点抓握方向向上或向目标点方向一侧，目标支点位于手抓点正上方较远区域时。

反扣：对侧手脚使用。脚外侧贴近岩壁，身体重心处于手抓点下方，通过腿脚的蹬起及髋关节、腰部、躯干的旋转，固定身体并使重心向上移动。当到达脚蹬发力抛物线的最高点时，出手抓目标点。适用于手抓点抓握方向向下（与脚点相对），脚点和手抓点较近，目标点较远时。

倒挂钩脚：双手反向抓点，通过摆动和收缩腹肌，脚超过手抓点向上钩住上方的目标点，形成倒立姿势，然后通过下肢的钩挂力提升重心，手抓握住目标点，旋转身体，回到正常状态。适用于大角度岩壁攀岩，抓握点小，目标点较远、较大，且处于抓握点上方区域时。

（2）两点横向排列。

脚挂手抓点：左右手各握一个抓握点，对侧手脚使用。脚跟挂住手抓点，通过脚跟钩挂用力，身体重心向上移动。达到脚跟发力顶点时，脚跟和对侧手固定身体，另外一只手抓目标点。适用于下方没有脚点，目标点处于手抓点正上方区域，且较远、较小时。

脚钩挂手抓点：左右手各握一个抓握点，对侧手脚使用。一只脚脚跟挂住手抓点，另一只脚脚尖钩住手抓点。前脚脚跟钩挂住后脚脚尖，两脚同时用力，使身体重心往上运动，达到脚跟发力顶点时，脚跟、脚尖和对侧手固定身体，另一只手抓目标点。适用于下方没有脚点，目标点处于抓握点左右区域，且较远、较小时。

翻撑上点：左右手各握一个抓握点，通过上肢快速发力，身体重心迅速向上移动，当身体重心超过抓握点时，迅速将抓握的手形变成撑点手形，然后上脚踩住手撑点，站起抓握目标点。适用于小角度仰角造型，下方没有脚点，目标点处于抓握点上方区域，且较远、较小时。

3. 多点动作

（1）转膝侧身。

左右手抓握同一个支点，左右脚各踩一个支点。根据目标点，向内旋转同侧脚、膝关节，同时转动身体，使身体侧面靠近岩壁，带动身体重心向岩壁靠贴。通过四肢和躯干的肌肉扭拉力固定身体。适用于休息时，此时两膝关节可轮换旋转，对侧手可休息。

（2）转膝侧蹬拉。

左右手抓握同一个支点，左右脚各踩一个支点。根据目标点，向内旋转同侧脚膝关节，同时转动身体，使身体侧面靠近岩壁，带动身体重心向岩壁靠贴。通过向内旋转膝关节时的脚发力，身体重心向膝关节旋转反方向移动。适用于上肢抓握点较小，脚点较低，目标抓握点在左右侧较远时。

（3）跪膝别腿。

左右手抓握同一个支点，左右脚各踩一个支点。根据目标点，向内旋转同侧腿膝关节，同时转动身体，使膝关节低于脚点，身体侧面靠近岩壁，带动身体重心向岩壁靠近。通过向内旋转膝关节时的脚发力，身体重心向膝关节旋转反方向移动。适用于上肢抓握点较小，脚点较高，目标抓握点在左右侧较远时。

（4）同侧正拉。

左右手各抓握一个支点，对侧脚踩目标点。通过双手和脚共同向目标点方向发力，身体重心大幅度向目标点移动，当移动到发力抛物线顶点时，快速伸出发力脚的对侧手抓目标点。适用于发力手点较小，脚点较近、较高，目标点较远时。

知识窗

攀 岩

攀岩起源于20世纪初的欧洲。

1865年，英国登山家、攀岩运动创始人埃德瓦特首次用简单的钢锥、铁锁和登山绳索等装备，成功登上了险峰。

1890年，英国登山家马默里改进了攀登工具，发明了钢丝挂梯和各种登山绳结。

1947年，苏联首先成立了攀岩委员会。

1948年，苏联在国内举办了首届攀岩锦标赛，这是世界上首次攀岩比赛。

1993年，国际奥委会正式承认攀岩为奥运会项目。

4. 上升技术

第一个上升装置与主绳相连，使用扁带将上升装置与安全带相连接，扁带长度略短于臂长。第二个上升装置与主绳相连，上升装置下连接绳梯。使用扁带与安全带相连，起到安全备份作用。将第一个上升装置推到最高处，身体重量作用其上。将第二个上升装置尽量向上推。通过脚蹬绳梯，身体重量转移到第二个上升装置上。第一个上升装置处于卸力状态。使用第二个上升装置上连接的绳梯，身体尽量蹬起。依次重复此步骤即可。

5. 下降技术

（1）设置自我保护。

用长扁带或菊绳连接安全带的攀岩环，用主锁连接后设置自我保护。自我保护位置选择点要足够安全，并尽可能靠近下降绳。主锁丝扣要拧好并保持纵向受力，不与连接点挤压碰撞。两个保护点的连接：安放两个临时保护点，根据三个保护点的距离选择扁带，将扁带依次挂入两个临时保护点的快挂中，将两把快挂间的扁带往下拉，与扁带另一端保持同一长度，将扁带调整到均匀受力，然后打结，在结的下端挂入主锁，将主绳挂入主锁（图 19-17）。

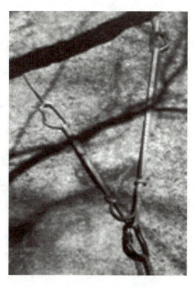

图 19-17　两个保护点的连接

（2）连接抓结。

下降时，如果保护器失控，抓结会与主绳产生摩擦起到制动效果。一般选用直径 6mm，长 1m 左右的辅绳。抓结连接好后一定要测试，避免等到下降时才发现抓结太紧或失效。抓结绳套缠绕主绳三圈后与安全带的腿带用主锁相连，具体圈数视绳子的直径而定，一般主绳越粗，缠绕圈数就越少。铁锁丝扣也要拧紧。

（3）连接下降器。

有些保护器只起保护作用，只能临时作为下降器，如 GRIGRI。长距离下降（通常超过 50m）时，它的速度会越来越快，绳子与保护器之间的摩擦会越来越小，因此应使用长距离专用下降器，如"8"字环，其产生的摩擦力更大。主锁连接"8"字环的大头，并扣入安全带的下降环。下降绳用环绕方式与"8"字环连接。将连好下降绳的"8"字环取出，并将小环与铁锁相连，在保证绳子不扭曲的前提下将丝扣拧好。将多余的下降绳收至最紧，抓结收紧至靠近下降器的位置。

（4）系统确认。

确认安全带、头盔等所有装备穿戴无误。确认保护站系统正确无误，抓结有效，下降器的安装方向正确、无扭曲。

（5）负荷转移至主绳。

制动手紧握抓结下方的绳子，身体重心向下坐，使重量全部转移到下降绳上，自我保护松弛，身体处于下降状态。如果预判到自我保护的扁带过短，可将扁带连接到保护站上的主锁里，另一只手解除自我保护，并扣入安全带的装备环。

（6）开始下降。

两脚开立，与肩同宽或略宽于肩，身体呈正三角形状。脚掌尽可能与下降坡面接触，微屈膝，轻点岩壁。上半身保持直立，头略向后仰，身体与下降器保持适当的距离。整个身体保持放松。下降时，一般将绳子置于制动手身体的一侧，但悬空下降时多将绳子垂于两腿之间。两脚轻蹬岩壁或坡面匀速下降。切忌两腿猛蹬岩壁或坡面快速下降，切忌速度不匀，以避免绳子摆动过大，增大顶端的摩擦力。制动手（右手）握住抓结下方的绳子，同时，导向手（左手）握住抓结并匀速向下推抓结。快接近地面时，避免踩踏绳子。

（7）解除装备。

将连接下降绳的"8"字环从主锁中取出，并扣进"8"字环的大环。将下降绳从"8"字环中取出；将连接"8"字环的主锁扣进安全带的装备环；将抓结从主绳上取下，连同主锁一同扣进安全带的装备环；将下降绳理顺，避免缠绕扭曲。

三、室内攀登的锻炼方法

（一）指力墙练习

身体悬挂在指力墙上，按顺序依次向上移动手，可以双手同时向上移动，也可大幅度跳跃向上移动，还可以交叉移动、斜线移动。如果强度太大可以脚踩点辅助。该方法主要发展手指抓握、钩挂能力以及手指动态抓握发力的能力，对手指刺激较强，注意练习时间不超过1小时。

（二）引体抓小点

抓握两个平行好抓的手点，脚踩一个或两个手点正下方0.5m左右的脚点，通过手脚发力，去抓一个接近自身手长距离的远侧小点，左右手交替重复。可以踩两个脚点或不踩脚点，根据自己的能力选择岩壁角度、目标点大小和距离。抓到目标后，身体应该充分伸直舒展。该方法主要是增强手指触点的爆发力。

（三）跳抓小点

站在地面，跳跃起身抓握岩壁上设定的目标点，可单手跳抓，可在屋檐、斜板或直壁上跳抓，可往下、往左、往右跳抓，还可以通过高度、起跳位置和目标点的距离来调整难度。该方法主要是为了发展手指的力量。

第三节 户外登山

一、户外登山的基本装备

户外登山的基本装备，见表 19-4、表 19-5。

表 19-4 个人装备检查表

大背包、大背包套	地图、指北针	小背包
急救包（医药箱）	登山鞋（含绑腿）、凉鞋	求生盒
内、外袜（含备用）	瑞士刀或山刀	睡袋、露宿袋、睡垫
外帐（含若干细绳）	排汗内衣裤（含备用）	头灯（含备用灯泡、电池）
长袖外衣裤	洗漱用具	风衣、帽子、头巾
个人餐具、卫生纸	御寒衣物	生火工具
两截式雨衣	大垃圾袋	水壶或保温瓶
棉质工作手套	个人行动食品	笔记本、笔

表 19-5 集体装备检查表

营帐	高度计	营灯（含燃料）
路标、电工胶布	炉具（含燃料）	山刀、锯
炊具及清洁用具	收音机	水袋或保温瓶
钩环、伞带及登山绳	保温瓶	集体医药箱
通信器材	集体食物（含备用食物）	闹钟

二、户外登山的基本技术

（一）身体姿势

将一只脚抬起时，另一只脚着地取得平衡（重心在后脚上），此时肩膀不要用力。步行的重心从后脚移到前脚时，要将头部与腰部重心前移（即上半身前倾）。重心移到前脚后，再重复前一过程，不断移动重心，左右脚交替行走。很多初学者只是用腿部肌肉力量硬爬山，上半身的肌肉则表现僵硬、不协调或完全没有参与运动。

（二）步频步幅

一般要求"小步幅，慢慢走"，行走时要两头稍慢，中间稍快，即开始时行走要慢行，身体活动开后再加快速度，临近结束，可适当放缓速度。切忌行进速度时快时慢，时跑时停。

（三）呼吸

口鼻同时呼吸，口微张，上齿轻轻碰下唇，舌微抵上颚，让空气从牙缝唇边吸进体内即可。可以三步（或两步）一呼，然后再三步（或两步）一吸。

（四）行进与休息

长距离登山中一般是步行40~50分钟，然后休息5~10分钟。在此基础上，户外登山者还需考虑身体状况及后续行程等因素。休息一般分为小休息和长休息，小休息一般在5分钟内，长休息一般在10~15分钟。休息时要注意防风保暖，及时添加衣服。户外登山者可采取主动休息的方法，主动牵拉小腿、大腿、背部等部位的肌肉群。

（五）团队行走

如果团队人数超过10人，最好分成若干个小队。在行走中，学生之间要保持适当的距离，切勿太近或太远，合理距离一般为2~3m。在灌木丛中，前面的人在推开挡路的树枝要放手时，务必回头观察，切勿打到后面的队友，并提醒其小心树枝。因系鞋带、喝水、加减衣服、调整背包等原因需要暂停行走时，暂停人员须让到路边去，不要站在路中央阻挡其他人通过。暂停人员不要停留太长时间，不要脱离队伍，与队伍的距离保持在呼叫范围内，即白天一般不能超过10分钟路程或者200m，夜晚必须在5分钟路程或者20m以内。后面队友需要"超车"时，首先征求前面队友的许可，然后在路况好的地点"超车"，在道路狭窄或两侧较陡峭的山脊最好不要"超车"。两支登山队伍交会时，要礼貌相让通行，通常下山队伍须按"我右他左"的原则让到一边，让上山队伍先行。（图19-18）

图 19-18　团队行走

副领队在队伍的最后面，掌握全局

体力弱的成员从前到后排列

领队在前面带路，控制步速，确认行进路线，寻找休息场所

（六）艰险地形

上坡是由沙子、碎石构成时最好迈侧步。在上坡停留的时候也要以侧步的状态停下来，最好使用手杖。涉水时最好借助杆子支撑或绳子保护，人多时相互环抱肩部，面向上游横排侧行，忌赤脚。（图 19-19）

平地步行方法　上坡步行方法　下坡步行方法

挺胸伸膝，用全脚掌走路　全脚掌着地　膝关节微屈，以减轻对膝盖的压力

图 19-19　艰险地形上的行走

（七）路线选择

登山路线选择尽量做到早出发早到达，避免夜间走路。路线既要包括安全的上行路线，还要有明确安全的撤退路线，沿途最好有食物补给及通信地点。

登山路线较长时，登山者要事先了解山中水源的状况。通常在沼泽或山谷中，在没有铺设道路或人工设施的地方，其附近的水源比较干净。山地中的水一般不能直接饮用，最好煮沸后再喝。在用水的过程中，要注意水源的保护。

1. 熟悉山区路面和路线

在一些地形复杂多样、人迹罕至的地方，几乎没有现成的路可走，需要熟悉山区路面的特点，掌握相应的行走经验。

（1）石板台阶路线。

石板台阶路面主要出现在石质山崖、陡崖或断层，或由整块石面形成，或由多块石面形成，或是人为铺就的石板路面，这种路面较易行走。

行走经验：第一，穿防滑的鞋。第二，注意上下山的行走姿势和重心把握，选好落脚点。行走时重心不要太靠前，而要和地面的石板垂直，尽量使用登山杖。负重包的重心应该贴近人体的中心偏下，手尽量扶着岩壁或树木。下山时要多用登山杖，重心略微向前倾，脚尽量踩在石板之间的缝隙或路旁的草木上。两个人之间要拉开一点距离，避免一个人跌倒后产生"连锁反应"。

（2）跳石路线。

所谓跳石路，不是明显的路，主要由山谷沟壑经长期雨水冲刷和山洪暴发形成，或周边农户在耕作时将地中石块拣抛出，堆积于路面上，长此以往成为石块路。这种路面行走有一定的难度，有时需要手脚并用。

行走经验：第一，准备好一双底厚一点、硬一点的登山鞋（否则会硌脚）。在跳石之前，检查鞋带是否松动并把鞋底细沙清理干净，然后拉紧背包肩带和腰带，让背包紧贴背部。第二，在雨季，大雨来临之前或大雨刚过时不要去峡谷跳石，小心山洪暴发。第三，注意观察前方的情况，准确判断下一个落脚点，并注意观察某些石头上留下的长期作为落脚点的暗痕。

（3）泥土路线。

泥土路面在户外登山中是最常见的，主要是石头风化和没有植被覆盖的地面经过人们长时间踩踏形成的，常见于偏远农区、山区。未下雨时，这种路面较易行走；一旦下雨，行走难度陡升。

行走经验：第一，鞋底一定要抓地，充分利用路面的凹坑作为支点，注意防滑，以免不注意一脚踩进烂泥里滑倒。第二，春秋两季昼夜温差大，雨雪天后泥土路路面非常容易结冰，这种情况上下山要充分利用登山杖和可以攀扶的东西，并确定其支点是牢固的。在集体登山过程中，当路面行走比较困难时，可以考虑架设路线绳。

（4）灌木丛路线。

灌木丛大致可以划分为自然灌木丛和人工造林灌木丛。自然灌木丛主要分布在南方或气候潮湿的山林中，灌木种类较多且较为低矮密集，一般土质湿滑松软，可能会有泥沼，危险性或行走难度较大。人工造林灌木丛主要分布在气候较为干燥的山麓坡地，是人为栽种防风固土用的，一般土质干燥、含石沙较多，貌似坚硬，其实一踩就滑。

行走经验：第一，要戴帽子、手套，穿长款的衣裤和高帮防滑鞋底的徒步鞋。人与人之间最少保持 2m 以上的距离，防止前面队友带倒的树枝反弹回来伤到自己。第二，徒步时最好有辅助设备，有经验丰富的领队或当地向导探路先行，前后队友尽量不要走出视线之外，尽量走土质不滑、较宽的路，最好扶着枝干新鲜且可以支撑手力的活树枝，注意防蚊虫。

（5）沟谷路线。

在地形较为复杂，特别是海拔高度差较大，或是暴雨多发季，原本不能构成威胁的小溪沟也许会成为洪水暴涨的大河。

行走经验：首选桥梁通过，万不得已时才徒步穿越沟谷。通过时要仔细观察水流、河道宽度等情况，选择合适的通过路线。水流缓慢的，可选较浅处通过，并在容易上岸的岸边登陆。在河道较窄、水较浅的地方，可能会有落脚的岩石，或人为放置石块帮助蹚过河。涉水渡河时一般采用斜线渡河方式，即要将上岸目标定在下游方向。在瀑布的正上方或旁边，水流湍急，河面较宽，河水较深，严禁过河。除非有木筏或浮艇，否则应向上游前进，寻找适合穿越的河段。

（6）冰雪路线。

冰雪路面因下雪积雪形成，无法判断其地形及路面情况，危险很大。积雪导致路面湿滑，阻力较大，行走不便。

行走经验：若登山路线上有小段积雪，在装备不充分的情况下要尽量避开。在不得不走的情况下，要用两脚前脚掌踏雪，踩成台阶再移动后脚。

2. 考虑坡度和海拔

（1）坡度。

坡度是地表单元陡缓的程度，通常把坡面的垂直高度和水平宽度的比，叫作坡度。缓坡是在登山运动中最常见的坡，较平路行走困难。中等陡坡相对于缓坡行走难度大，消耗体力很大，在这种坡度行走可以手脚并用。非常陡峭的坡、直壁和仰角在户外登山运动中比较少见，行走十分困难，需要一些攀岩技能。

（2）海拔。

海拔是地面某个地点高出海平面的垂直距离。1500m 以下是低海拔，人基本没什么特殊感觉。1500～3500m 为高海拔，经过足够的时间，大多数人都可以适应。3500～5500m 为超高海拔，个体的差异决定能否适应。5500m 以上为极高海拔，人体机能严重下降，有些损害是不可逆的。

登山者在高海拔地区登山，最常见的机体反应是身体耐力下降或高原病。身体耐力降低常表现为小范围的活动之后感觉到疲乏，走上两三步就要大喘好几口气。最有效的治疗方法就是待在这个高度，直到身体适应之后再前进到更高海拔。高原病中最严重的是脑水肿和肺水肿，可能危及生命，在发现后要及时下撤就医。

登山者初到海拔地区，避免过度疲劳、剧烈活动和过度兴奋，克服急躁情绪；不要马上洗澡，以防感冒；要多喝水，多吃碳水化合物和易消化的食品，多吃富含维生素的食物；注意生活习惯，戒烟戒酒；睡眠休息时以高枕侧卧为佳。准备一些缓解高原反应的常用药、止泻药、止痛药、复合维生素片以及唇膏等。

情境运用

登山爱好者素来以攀越高峰、刷新高度为挑战自我的方式，这是他们的快乐。你知道海拔高度世界排名前三的山是哪三座山吗？高度分别是多少？查阅相关资料，了解它们的基本信息。

三、户外登山的锻炼方法

登山是一项对体力、耐力和灵活性要求都比较高的运动，需要一些相关的技能，因此登山者须在平时多做一些有针对性的日常训练。

（一）耐力练习

1. 慢跑

跑步有助于增强耐力，尤其是健身跑，一般每周 3 次左右，每次 20～30 分钟。

2. 骑自行车

骑自行车是一种增强心血管耐力的极佳训练方法，而且对锻炼大腿肌肉特别有效。骑行过程中，登山者应注意身体重心落在全脚掌，自行车座椅调至合适的高度，向下蹬骑时，腿部呈伸直状态。

3. 爬楼梯

爬楼梯锻炼简单易行，无须专门工具，每天不用或少用几次电梯即可实现。爬楼梯可以早晚各 1~3 趟，每趟快速爬 4~6 层楼，中间不要停歇，每趟之间休息 2~3 分钟。

（二）灵活性练习

伸展运动是提高身体灵活性的重要锻炼方式。

1. 体侧运动

两脚分开站立，一只手放臀上，另一只手举过头顶，然后慢慢地向身体一边倾斜，之后再向身体另一边倾斜，重复以上动作。

2. 髋部伸展

两脚并拢站立，然后一条腿从膝盖处开始向后弯曲，两手从身体后面抓住脚以舒展脚筋和股四头肌。

3. 体前屈

两脚并拢站立，身体向前弯曲，让背部呈水平状态，然后两手高举过背并交叉在一起，维持 15 秒。

（三）相关技能练习

山地行走经常会遇到各种岩石坡和陡壁。在碰到行走比较困难的路段时，登山者往往需要手脚并用，因此掌握一些基本的攀岩知识和动作是十分必要的。攀岩最基本的方法是"三点固定法"，即两手一脚或两脚一手固定后，再移动其他一点，使身体逐渐上升。放手移向下一个手点前，必须保持身体的平衡状态。运用此法时，要避免两点同时移动，应根据自己的情况，选择合适的距离和最稳固的支点。攀岩时，要注意使用脚的力量，用脚的力量推动身体重心的移动，而不要太依赖手臂。练习者可以尝试练习正蹬、侧蹬等动作。

　　无论是登山之前的准备工作还是登山过程中的实际环境，对于登山者来说都是严峻的考验，因此登山者要了解更多的常识，掌握更多的技能。

　　例如，了解山地气候较平地风多且急、变化急剧、接受太阳辐射不均匀等。

　　登山者要关注登山地区的天气预报。登山者对天气的突然变化要做一些准备，如携带雨衣等，不要太长时间地暴晒。在两天及两天以上的户外登山运动中，营地的选择要坚持近水、避险、背风、环保的原则。不要将营地扎在河滩上、水坝下方、峡谷中央、草树丛中、悬崖下面、高地上、高树下或比较孤立的平地上。营地最好是在小山丘的背风处，林间或林边空地、山洞、山脊的侧面等地，以达到背风的效果。帐篷门的朝向不要迎着风。